Portuguese Short Stories

11 Simple Stories for Beginners Who Want to Learn Portuguese in Less Time While Also Having Fun

Contents

Introduction

Learning Portuguese is a tough challenge, no doubt about it. The rich vocabulary and complex grammar can be discouraging when you are taking your first steps into the learning process. The goal of this book is to teach Portuguese in the most effective way possible. It adopts a semi-communicative method—the storytelling approach. Telling stories is an effective educational tool because learners become engaged with the narrative and therefore remember the story effortlessly, the vocabulary associated with it, as well as making it easier to recognize sentence patterns.

However, "what more can storytelling offer?" Well, it brings you closer to how the language is spoken on an informal, day-to-day basis, instead of trying to teach how to form a sentence from scratch. When first starting out, and with no previous contact with the language, it is assumed that learners do not have much vocabulary, don't know how the grammar and/or syntax works, and have no clue on how to pronounce the words; thus, making it harder to emulate the teaching process of a language with which someone is familiar with, even if he/she doesn't know how it works formally. For instance, when you first started studying your native language in school, you had already heard its sounds by then—after all, you knew how to speak appropriately long before you started studying it formally. Even if intuitively, and with some mistakes in the middle, you knew how to build a sentence. So, with that in mind, this book aims, with this approach and in parallel to the experience of a first contact with your native language, to give you an intuitive feel on how to build sentences, aside from establishing the basic knowledge on grammar and wording, as well as teaching key vocabulary.

This being said, just before you start, take a look at the following set of guidelines that will help you navigate smoothly through the book. Some ideas and tips to help you after you finish the stories are also provided—most of them regarding ways to keep practicing your Portuguese.

A few guidelines...

This book comprises eleven short stories, one summary, and one vocabulary list after each story, plus a small quiz to test your overall comprehension of the text and the specific programmatic goal of the story. For instance, some stories and their respective quizzes might be more focused on the names of objects or verb tenses, and so on. Every story, summary, highlighted vocabulary, and quiz is also translated into English.

It is advisable to read the whole story twice before attempting the quiz. Underline every word you don't recognize and check if their meanings are written down on the vocabulary list. If not, check a dictionary. Do not just translate it to what you think it might be—since many words have more than one meaning, depending on their context. Thus, it would be useful to see the word used in a sentence—to do that, you just have to search the unknown word in the dictionary mentioned below, and it will give a few different examples of how the word is used in sentences. Another thing to help is writing down any commentaries or notes that you might find useful later on, on a third or fourth read, or when solving the quiz. And remember: try to do it in Portuguese if you can.

Additionally, read the whole story, summary, and quiz, first in the Portuguese version, and then try to sum it up yourself in English. If it becomes impossible to keep going without some help, go and check the English summary. If that doesn't do it, then try the specific paragraph, the one in English now. Then, finally, if these steps didn't help at all, read the whole story, every paragraph, in the English version. The stories, and the respective quizzes, are supposed to be engaging and moderately easy to follow, while always maintaining a degree of difficulty that is challenging, but never discouraging. So, even if you are not sure of what a word means in a specific context, if it is not in the vocabulary list, or your doubtful of what an answer might be in the quiz—don't give up right away. Try to do it all in Portuguese, and then check the answers—always after, never before.

Finally, and most importantly, practice Portuguese wherever and whenever you can. Speak to yourself in Portuguese, name objects around you in Portuguese, think in Portuguese, watch Portuguese movies, listen to Portuguese music, and visit a Portuguese speaking country! Whatever tools that will help you with the learning process are very much welcomed.

One last thing—there are many Portuguese speaking countries in the world. However, the structure of the Portuguese language was not unified until recently. There were, and still are, some variations and small differences in wording, spelling, and pronunciation depending on which Portuguese country you choose. The Orthographic Agreement of 1990 has changed the spelling of many words and made the written PT Portuguese much more similar to the spoken BR Portuguese. Even though the agreement is from 1990, it was only applied in Portugal in 2010. Nevertheless, since its use causes some controversy amongst some authors or writers, many choose not to write according to the agreement. Hence, this book follows the spelling of the previous agreement—before 1990. Don't worry if you see some words spelled differently in a newspaper or book—if it looks unfamiliar, just double-check—as most online dictionaries[1] have both agreements that are equally accepted.

---

1 Here is a good Portuguese dictionary - https://dicionario.priberam.org/. You can choose to use the spelling *pre-* or *post*-agreement.

Good luck or... Boa sorte!

Chapter 1 – O Primeiro Adeus

As **primas** Sofia, Sara, e Ana estavam aos **pulos** de tão contentes. Era a primeira vez que iam dormir sem os **pais** estarem por perto. Quando eram mais **pequenas**, tinham, por várias vezes dormido na casa umas das outras, mas era sempre quando os pais lá iam visitar os **tios**. Elas eram todas muito apegadas aos pais, e embora gostassem muito de estar **juntas** e de se divertirem, tinham um bocado de medo de passar a noite sem saber que os pais estariam por perto para qualquer coisa que eventualmente precisassem. No entanto, todas tinham já catorze anos, e os pais acharam que estava na altura de passarem por essa experiência. Os pais não queriam que as suas filhas se adaptassem mal quando tivessem que sair de casa para ir para a **faculdade**, e, além disso, também precisavam de algum tempo para si próprios.

Cousins Sofia, Sara, and Ana were so happy they were jumping up and down. It was the first time they were going to sleep without their parents being around. When they were little, they had, for several times, slept in each other's homes, but it was always when their parents were visiting their uncles. They were all very attached to their parents, and although they enjoyed being together and having fun, they were bit afraid to spend the night not knowing that their parents would be around for anything they eventually needed. However, they were all fourteen years old now, and the parents thought it was time for them to go through that experience. The parents didn't want their daughters to have a hard time when they had to leave home to go to college, and, besides that, they also needed some time for themselves.

Foi então com muita felicidade que as três primas ouviram a proposta dos pais delas. Estes tinham comprado uma **tenda** e três **sacos-cama** para elas irem **acampar** sozinhas um fim-de-semana. O parque de campismo era perto de onde elas viviam; de qualquer forma, iriam passar a noite sem os pais, iriam ter que cozinhar e, basicamente, sobreviver dois dias sem **adultos** por perto para as controlar. Naturalmente, levariam os telemóveis consigo; a **recepção** do parque de campismo tinha sido avisada para que se alguma coisa acontecesse, ligar logo ao pai de Sofia, mas a verdade, é que estavam por conta delas.

So, it was with great pleasure that the three cousins listened to their parents' proposal. They had bought a tent and three sleeping bags for them to go camping alone for a weekend. The campsite was close to where they lived; they would, however, spend the night without their parents, they would have to cook and basically survive two days without adults around to control them. Of course, they would take the phones with them; the campsite reception had been warned that if anything happened, to call Sofia's father immediately, but the truth is that they were on their own.

Na **sexta-feira**, as três primas já estavam super impacientes, e já só queriam ir para o parque, montar a tenda, e começar a sua aventura. Trocavam mensagens entre elas, combinando já mil e um planos e **brincadeiras**. Combinavam o que iam levar, o que iam vestir, o que iam comer... Mas, apesar de toda esta **euforia**, todas estavam um pouco nervosas. Tudo aquilo que as fazia sentir entusiasmadas também as assustava. E se alguma coisa corresse mal? E se não conseguissem sequer montar a tenda? Ou se tivessem medo durante a noite? E se não conseguissem cozinhar e ficassem cheias de fome? Ou, o pior de tudo, se tivessem que ligar aos pais para as irem buscar, o que iriam eles dizer? Será que iriam ficar **desapontados**?

On Friday, the three cousins were already super impatient, and they just wanted to go to the campsite, assemble the tent, and start their adventure. They were exchanging messages between them, making one thousand and one plans and jokes. They talked about what they were going to take, what they were going to wear, what they were going to eat... But despite all of this euphoria, they were all a little nervous. Everything that made them feel enthusiastic also frightened them. What if something went wrong? What if they couldn't even assemble the tent? Or if they were afraid during the night? What if they couldn't cook and got hungry? Or, worst of all, what if they had to call their parents to pick them up, what would they say? Would they be disappointed?

Estes pensamentos corriam nas suas **cabeças**, mas elas não os partilhavam entre si. Quando chegou a hora de ir, a ansiedade atingiu o seu pico, e as primas, a caminho do parque de campismo, nem falavam; já só mostravam um sorriso nervosa.

These thoughts ran through their heads, but they did not share them with each other. When the time to go came, the anxiety reached its peak, and the cousins, on their way to the campsite, didn't even speak; they had only a nervous smile on their faces.

Quando chegou a hora da **despedida**, até as barrigas começaram a doer. Despediram-se do pai de Sara, que as tinha ido levar e entraram, no parque de campismo para começar a montar a tenda.

When it was time to say goodbye, even their bellies began hurting. They said goodbye to Sara's dad, who had taken them there, and after, they entered the campsite to begin assembling the tent.

– Pronto, adeus! **Portem-se** bem, tenham **juízo**! – disse o pai de Sara.

– Adeus pai! – disse a filha.

– Até **domingo**, tio! – disse Ana.

– Se sobrevivermos até lá! – disse Sara, a sorrir.

– Okay, bye! Behave yourselves! – said Sara's dad.

– Goobye, Dad! – said the daughter.

– See you on Sunday, Uncle! – said Ana.

– If we survive until then! – said Sara, smiling.

Ao ir-se embora, o pai de Sara ficou com a sensação de que aquele iria ser uma óptimo fim-de-semana, para elas e para eles. As três primas começaram a montar a tenda, e no início, tiveram algumas dificuldades, mas depois de seguirem as **instruções**, conseguiram fazê-lo. **Arrumaram** as suas **mochilas** lá dentro, e já estavam a ficar com alguma fome, então pegaram na **panela** que tinham trazido e começaram a tentar cozinhar qualquer coisa. Também a primeira **tentativa** de cozinhar não saiu nada bem, mas não desistiram, já que a fome não deixava. No fim, acabaram por comer um jantar um pouco queimado, que lhes soube muito mal! Ficaram ainda com tanta fome depois daquele jantar falhado, que nem fizeram nada do que tinham combinado depois de jantar, e foram logo para a tenda dormir. Só que nem dormir conseguiam, já que os mosquitos só as estavam a chatear bastante.

While leaving, Sara's father got the feeling that it was going to be a great weekend for the daughters and for the parents. The three cousins began assembling the tent, and at first, they had some trouble, but after they followed the instructions, they succeeded. They put their backpacks in there, and they were getting a little hungry, so they took out the pot they brought with them and started trying to cook something. The first attempt at cooking also did not go too well, but they didn't give up, since hunger didn't let them do that. In the end, they ended up having to eat food that was a little burnt, which tasted awful! They were still very hungry after that failed dinner, so they didn't do anything they had planned to do after it, and they went straight to the tent to sleep. But, they couldn't sleep as well, since the mosquitoes were bothering them a lot.

Entretanto, os pais das três primas estavam a divertir-se muito. Os três casais tinham ido jantar fora, e embora de vez em quando pensassem nas filhas e se tudo estaria a correr bem, sabiam que se se tivesse passado alguma coisa, elas tinham ligado, e nem sequer falaram sobre elas ao jantar.

Meanwhile, the parents of the three cousins were having a lot of fun. The three couples had gone out to dinner, and though once in a while they thought about their daughters and if everything was going well, they knew that if something had happened, they would have called, and they didn't even talk about them at dinner.

No dia seguinte, quando as primas se levantaram e foram fazer o pequeno-almoço, as coisas já correram bastante melhor. A experiência da noite anterior preparou-as bem, e conseguiram cozinhar um pequeno-almoço muito **saboroso**. Isso deu-lhes logo **motivação** e força para o resto do dia. Passaram a manhã a passear, e depois de almoço, foram para a praia. Tinham combinado ligar aos pais no **sábado** à tarde, para lhes dizer se estava tudo bem, mas estavam-se a divertir tanto que não se lembraram. Quando voltaram ao parque de campismo, tinham imensos planos de jogos para fazer durante a noite. Como era a última antes de voltarem a casa na manhã seguinte, queriam aproveitar todas as horas que conseguissem.

The following day, when the cousins got up and started to cook breakfast, things went a lot better. The experience of the previous night prepared them well, and they managed to cook a very tasty breakfast. That gave them motivation and strength for the rest of the day. They spent the morning taking walks, and after lunch, they went to the beach. They had planned to call their parents on Saturday afternoon to tell them if everything was okay, but they were having so much fun that they didn't even remember. When they returned to the campsite, they had a lot of game plans to play throughout the night. Since it was the last one before returning home the next morning, they wanted to enjoy every hour they could.

Enquanto o jantar na noite anterior tinha sido espectacular, o dia de sábado não estava a correr assim tão bem para os pais. Cada casal tinha a casa só para si, e o que no início lhes pareceu romântico, começava agora a ser estranho. Não estavam nada habituados a uma casa sem confusão e sem barulho, e começavam a sentir saudades das suas filhas e sobrinhas a correr de um lado para o outro. Nessa noite ao jantar, onde se juntaram na casa dos pais de Ana, já só falavam delas.

While the dinner on the night before had been spectacular, Saturday was not going so well for the parents. Each couple had the house all to themselves, which at first seemed romantic, but now began to feel strange. They were not accustomed to a house without confusion and without noise, and they began missing their daughters and nieces running around from one side to the other. That night at dinner, where they all got together at Ana's parents' house, they just talked about their daughters.

Quando a hora de as ir buscar chegou, eram os pais que estavam ansiosos. Tão ansiosos quanto as filhas na sexta-feira antes de ir acampar pela primeira vez. Estavam mortos por vê-las outra vez! Já as filhas estavam tristes por terem que ir embora. O fim-de-semana tinha sido **estupendo**. No início tinha sentido a falta dos pais, mas depois de se terem **habituado**, já não queriam outra coisa. Afinal, o que os pais achavam que ia ser uma experiência importante para as filhas, acabou por ser também uma valiosa lição para os pais!

When the time to get them came, it was the parents who were anxious. As anxious as the daughters were on Friday before going camping for the first time. They were dying to see them again! The daughters, however, were sad they had to leave. The weekend had been terrific. At first, they missed their parents, but after they got used to it, they didn't want anything else. In the end, what the parents thought was going to be an important experience for their daughters, turned out to be a valuable lesson for them as well!

Sumário

Sofia, Sara, e Ana são primas que vão acampar juntas pela primeira vez. Embora já tenham todas catorze anos, é também a primeira vez que dormem longe dos pais. Em crianças, dormiam sempre nas casas umas das outras, mas só quando os pais visitavam os tios. E nunca tinham ido dormir a casa dos seus amigos, porque, ainda que lhes custasse admitir, tinham um bocadinho de medo de se separar dos pais. Foram estes que tiveram esta ideia, já que queriam que elas tivessem esta experiência – algo que os pais consideravam muito importante. Mas no fim, a experiência acabou por correr bem de mais, e afinal, pôs à prova não as filhas, mas os pais!

Summary

Sofia, Sara, and Ana are cousins that are going to camp together for the first time. Even though they all are fourteen years old, it is also the first time that they are going to sleep away from their parents. As children, they would always sleep in each other's houses, but only when their parents were visiting their uncles. And they never had slept in their friends' houses because, even though it was hard to admit, they were a bit frightened to separate from their parents. It was them that had this idea, since they wanted their daughters to have this experience—something that the parents thought was very important. But when it was all said and done, the experience ended up going too well, and in the end, it was the parents, and not the daughters, that were put to the test!

Vocabulary List

Acampar – camping;

Adultos – adults, grown-ups;

Arrumaram – tidy up, arrange;

Brincadeiras – games that children play, from the verb "brincar" – "to play";

Cabeças – heads;

Cama – beds;

Desapontados – disappointed, bummed;

Despedida – a goodbye, from the verb "despedir" – "saying goodbye", but it can also refer to someone being fired, from the verb "despedir" – "to fire";

domingo – Sunday;

Estupendo – stupendous, stunning;

Euforia – euphoria, excitement;

Faculdade – college, faculty;

Habituado – used to something, accustomed;

Instruções – instructions, guidelines;

Juízo – literally it means "judgment", but it is usually used as it was in the text, meaning "behave" – "tenham juízo";

Juntas – together;

Mochilas – backpacks;

Motivação – motivation, drive;

Pais – parents;

Panela – pot, pan;

Pequenas – small, but also used to refer to someone when they were young/a child;

Portem-se (bem) – from the verb "portar" – "to behave", and is always followed by an adjective, characterizing how someone was behaving;

Primas – cousins;

Pulos – jumps;

Recepção – for instance, a hotel reception;

sábado – Saturday;

Saboroso – tasty, "delicioso";

Sacos – bags;

sexta-feira – Friday;

Tenda – tent;

Tentativa – a try, from the verb "to try" – "tentar";

Tios – uncles.

Perguntas

1. Porque estavam as primas tão contentes?
2. Qual foi o motivo que levou os pais a proporem aquela ideia?
3. Em que é que tiveram dificuldades as primas na primeira noite?
4. O que sentiram os pais no sábado?
5. Que lição aprenderam os pais?

Escolha Múltipla

1. Que idade tinham as primas?
   a) Catorze anos;
   b) Doze anos;
   c) Treze anos;
   d) Dez anos.
2. Que parte do corpo doeu às primas na hora da despedida?
   a) O coração;

b) A barriga;

c) A cabeça;

d) O peito.

3. Onde jantaram os pais no sábado à noite?

   a) Num Restaurante;

   b) Na casa dos pais da Sara;

   c) Na casa dos pais da Ana;

   d) Na casa dos pais da Sofia;

4. Quantas horas dormiram as primas de sábado para domingo?

   a) Dormiram a noite toda;

   b) Doze horas;

   c) Dormiram só duas horas por causa dos mosquitos;

   d) Não dormiram.

5. Quem estava ansioso quando chegou a hora de voltar a casa?

   a) Os pais;

   b) Sara;

   c) Ana;

   d) Sofia.

Questions

1. Why were the cousins so happy?
2. What made the parents suggest this idea?
3. What was difficult in the first night?
4. How did the parents feel Saturday?
5. What lesson did the parents learn?

Multiple Choice

1. How old were the cousins?

   a) Fourteen;

   b) Twelve;

   c) Thirteen;

   d) Ten.

2. What part of the body ached when they were saying goodbye?

   a) The heart;

   b) The belly;

   c) The head;

   d) The chest.

3. Where did the parents have dinner Saturday night?
   a) At a restaurant;
   b) At Sara's parents' house;
   c) At Ana's parents' house;
   d) At Sofia's parents' house.
4. How many hours did the cousins sleep from Saturday to Sunday?
   a) They slept the whole night;
   b) Twelve hours;
   c) They only slept two hours because of the mosquitoes;
   d) They didn't sleep.
5. Who was anxious when it was time to come back home?
   a) The parents;
   b) Sara;
   c) Ana;
   d) Sofia.

Respostas

1. Porque iam acampar sozinhas.
2. Queriam que elas se habituassem a estar sozinhas para quando fossem para a faculdade.
3. Montar a tenda, a cozinhar, e a dormir.
4. Começaram a sentir-se saudades das filhas.
5. Que elas se iam habituar rápido e eles iam sentir mais falta das filhas do que estavam à espera.

Escolha Múltipla

1. a)
2. b)
3. c)
4. d)
5. a)

Answers

1. Because they were going camping by themselves.
2. They wanted them to be ready and used to being by themselves once they went to college.
3. Setting up the tent, cooking, and sleeping.

4. They started missing their daughters.
5. That they would get used to it quickly and they would miss their daughters more than they expected.

Multiple Choice

1. a)
2. b)
3. c)
4. d)
5. a)

Chapter 2 – Concurso de Castelos de Areia

A Teresa estava muito **aborrecida**. Ela estava a passear sozinha no **passeio** da rua da sua casa. Olhava para cima, para o lado, para o **chão**—não tinha nada mais divertido para fazer. Foi então que passou a Mariana, uma das suas amigas, que também morava naquela rua. Estava a sair de sua casa com uma **toalha** de praia e um **chapéu** nas mãos, e via-se que estava com muita pressa.

Teresa was very upset. She was walking alone on the sidewalk of her street. She would look up, look to the side, to the ground—she didn't have anything more fun to do. It was then that Mariana, one of her friends, who also lived on that street, passed by. She was leaving her house with a beach towel and hat on her hands, and Mariana could see that she was in a hurry.

– Olá… – saudou a Teresa.

– Olá, Teresinha! – respondeu a Mariana. – E adeus. – disse logo a seguir.

– Aonde vais? – insistiu a Teresa.

– Vou à praia. Hoje há um concurso de castelos de areia!

– Também quero participar! Vou contigo, pode ser? – decidiu a Teresa.

– Se quiseres… – respondeu Mariana com **indiferença**.

– Hello... – greeted Teresa.

– Hello, Teresinha! – answered Mariana. – And goodbye. – said immediately afterward.

– Where are you going? – insisted Teresa.

– I'm going to the beach. There is a sandcastle contest today!

– I also want to participate! I'm going with you, okay? – decided Teresa.

– If you want... – replied Mariana with indifference.

Quando Teresa e Mariana chegaram à praia, todos os seus amigos – Cátia, Filipe, Luísa, e Alberto –, já estavam lá.

When Teresa and Mariana arrived at the beach, all of their friends— Cátia, Filipe, Luísa, and Alberto—, were already there.

– Estás atrasada! – disse o Alberto à Mariana.

– Não faz mal! A **festa** só começa quando eu chegar. E o concurso também, naturalmente. – disse Mariana, **soltando** uma grande **gargalhada**.

– Também vais participar? – perguntou o Alberto à Teresa.

– A Teresa é muito pequena para fazer castelos de areia, eu acho que devia ficar a ver! – protestou a Mariana.

– Ninguém é muito pequeno para fazer castelos de areia. – disse o Alberto. – E se a Teresa não os começar a fazer agora, nunca mais aprenderá!

– You're late! – said Alberto to Mariana.

– It's okay! The party only starts when I get there. And the contest, too, of course. – said Mariana, with a huge laugh.

– Will you also participate? – Alberto asked Teresa.

– Teresa is too small to make sandcastles; I think she should just watch! – protested Mariana.

– Nobody is too small to make sandcastles. – Alberto said. – And if Teresa doesn't start making them now, she will never learn!

A Teresa era de todo o grupo de amigos a mais nova. O grupo era **composto** por quatro raparigas e dois rapazes. Filipe, Alberto, e Mariana tinham os três oito anos; Cátia e Luísa tinham 6 anos; Teresa tinha 4 anos. Por ser a mais nova, Teresa era sempre a menina que fazia todos os **favores** aos mais velhos, principalmente a Mariana, que estava sempre a pedir a Teresa que fizesse tudo o que Mariana tinha **preguiça** de fazer.

Teresa was the youngest in her group of friends. The group consisted of four girls and two boys. Filipe, Alberto, and Mariana were all 8 years old; Cátia and Luísa were 6 years old; Teresa was 4. Being the youngest, Teresa was always the girl who did all of the boring chores and tasks, especially Mariana's, who was always asking Teresa to do all of the things that Mariana was too lazy to do.

O grupo de amigos começou então a fazer castelos. A Teresa ficou **especada** a olhar para eles. Ela nunca tinha feito um castelo de areia, então não sabia bem por onde começar. Ficou uns segundos a olhar para eles para saber o que fazer primeiro. Como viu que todos estavam a fazer os seus castelos de areia à **beira-mar**, e não queria estar muito perto de Mariana para ela não **gozar** com o seu castelo, foi para um pouco mais longe. Mas assim que começou a construir o castelo, ele **desmanchou-se** todo!

The group of friends then began building the castles. Teresa was staring at them. She had never made a sandcastle, so she didn't know exactly where to start. She spent a few seconds staring at them to find out what to do first. Since everyone was making their sandcastles by the sea, and she did not want to be too close to Mariana, because she would start mocking her castle, Teresa moved a little farther away. But as soon as she started building the castle, it all collapsed!

– Como vais fazer um castelo de areia com areia seca? – disse a Mariana, aborrecida. – Eu até te ajudava, sendo que sou das melhores a fazer castelos de areia, mas estou muito **ocupada** a fazer o castelo vencedor!

– How are you going to make a sandcastle with dry sand? – said Mariana, bored. – I would help you, since I'm one of the best making sandcastles, but I'm too busy building the winning castle!

A Teresa ficou um bocadinho triste com esta **reprimenda** tão **brusca**. Foi então para beira-mar, para não repetir o erro que tinha cometido anteriormente. Começou por construir as muralhas do seu castelo. Estava **perto** de completar quatro muralhas, que se **ligavam** num quadrado, quando uma onda **embateu** contra o seu castelo. Tinha-se colocado tão perto da beira-mar que a água deitaria abaixo qualquer construção sua.

Teresa was a little upset due to this harsh reprimand. She then moved closer to the water, so she wouldn't repeat the mistake she had previously made. Teresa started building the walls of her castle. She was close to completing the four walls, which connected in a square, when a wave struck against her castle. Teresa was so near the water that it would destroy anything she built.

– Oh NÃO!!! **Fogo**, não vou conseguir construir um castelo… – exclamou Teresa, muito **desmotivada**.

– Oh NO!!! Dang, I will not be able to build a castle... – said Teresa, very demotivated.

Teresa ficou tão triste com este novo **azar** que quase começou a chorar. No entanto, recuperou as forças e decidiu que não ia desistir tão facilmente. Lembrou-se de Mariana e o quanto ela ia gozar com Teresa se a visse a chorar, então decidiu:

Teresa was so sad about this new misfortune that she almost started crying. Nevertheless, she regained her strength and decided that she would not give up so easily. She remembered Mariana and how she would make fun of Teresa if she saw her crying, so she decided:

– Vou tentar de novo!

– I'm going to try again!

Com **ânimo redobrado**, e mais motivada que nunca, Teresa encheu o balde com areia. Desta vez foi para um pouco mais longe da beira-mar, mas não tão longe que a areia não fosse molhada o suficiente para o castelo se aguentar em pé. Em primeiro lugar, fez as muralhas; depois, pôs uma torre em cada uma das esquinas. Acrescentou um castelo no meio, no qual construiu uma quinta torre no centro. Quando acabou, sentiu-se mesmo orgulhosa—tinha sido um caminho árduo para conseguir construir aquele castelo, mas ela tinha conseguido por nunca ter desistido e ter aprendido com os erros.

Full of vigor, and more motivated than ever, Teresa filled the bucket with sand. This time, she went to a spot farther away from the water, but not so far that the sand wasn't wet enough for the castle to stand upright. First of all, she built the walls; after that, she put a tower in each corner. She added a castle in the middle, in which she built a fifth tower right in the center. When it was done, she felt really proud—the road to build the castle was rough, but she had succeeded because she never gave up and because she had learned from her previous mistakes.

Para acabar em grande estilo, decidiu ainda por uma bandeira no topo do castelo. Ia espetá-la na torre que estava no centro do castelo. Para fazer a bandeira, procurou um pequeno pau com o tamanho ideal—nem muito grande nem muito pequeno. Encontrou um pau de gelado no meio da areia e com a tampa do iogurte que tinha comido ao **lanche**, fez assim a sua improvisada bandeira. Depois espetou-a no cimo da torre do centro do castelo, como tinha imaginado. Mas, sem querer, pôs uma mão no resto do castelo… e este **desmoronou-se** todo.

To end in style, she also decided to put a flag on top of the castle. Teresa was going to put it in the tower that was in the center of the castle. To make the flag, she looked for a small stick with the ideal size—neither too big nor too small. She found an ice cream stick that was in the middle of the sand, and with the lid of the yogurt she had eaten as a snack, she made this improvised flag. After that, she stuck it in the top of the tower that was in the center of the castle, just as she had imagined. But, unintentionally, Teresa put a hand on the rest of the castle… and it all went down.

– Tens que pôr mais areia na parte de baixo; senão, o castelo não fica bem apoiado! – exclamou a Mariana. – Eu até te ajudava…

– Olha, Teresa, não lhe dês ouvidos. – interveio o Alberto. – Se não é para ajudares, mais vale não dizeres nada, Mariana.

– A tentar é que se aprende. Não deves desanimar! Anda; eu ajudo-te a fazer uma base mais sólida. – disse Filipe.

– You have to put more sand at the bottom; otherwise, the castle is not stable! – said Mariana. – I would help you...

- Look, Teresa, don't listen to her. – intervened Alberto. – If you are not going to help, you might as well not say anything at all, Mariana.

– You only learn by trying. You must not get discouraged! Come on; I'll help you make a more stable foundation. – said Filipe.

Cátia e Luísa estavam as duas a fazer o seu castelo de areia juntas. Como duas pessoas, eles construíram um castelo maior que os outros. A base era muito larga, cheia de areia. Filipe disse então a Teresa que era assim que ela deveria fazer também. Teresa, como não **desanimava** facilmente, voltou a tentar. Encheu de novo o seu balde com areia e começou a construir um novo castelo, com as dicas que tinha aprendido dos erros anteriores e dos seus amigos.

Cátia and Luisa were both making their sandcastle together. As two people, they made a castle way bigger than the others. The base was very wide, full of sand. Filipe then said to Teresa that this is how she should do it too. Teresa, as she didn't give up easily, tried again. She filled her bucket with sand and began to build a new castle, with the tips she had learned from her previous mistakes and from her friends.

Uns momentos depois, acabou, por fim, o seu castelo. Na verdade, era um castelo muito **estranho**! Tinha uma base gigante, e estava todo torto. Assim que deu uns passos para trás para ver o seu castelo, a Teresa achou que tinha que fazer algo para o tornar mais bonito. Recolheu todas as pequeninas coisas que conseguiu encontrar por ali perto e começou a enfeitar as muralhas com pedras, búzios, beatas, e conchas.

A few moments later, she finally finished her castle. In fact, it was a very weird-looking castle! It had a giant base, and it was all crooked. As soon as she took a few steps backward to look at her castle, Teresa thought she had to do something to make it prettier. She collected all the little things she could find around there and began adorning the castle walls with stones, whelks, cigarette butts, and shells.

– Já está! – disse com orgulho Teresa.

– It's done! – said Teresa, proudly.

Quando os amigos olharam para o castelo, não conseguiram esconder a expressão de surpresa.

When her friends looked at the castle, they couldn't hide an expression of surprise.

– É o castelo de areia feio que já vi até hoje! – exclamou logo Mariana, a rir.

– Até pode não ser o mais bonito – admitiu o Filipe –, mas de certeza que é o castelo mais resistente de todos. A base é mesmo larga. Além disso, gosto muito da decoração com as conchas.

– Pois, pois… Mas será que o castelo da Teresa pode participar no concurso sendo tão esquisito? – perguntou a Mariana.

– Claro que pode. Porque não havia de poder? – respondeu prontamente o Alberto.

– It is the ugliest castle that I have seen to this day! – said Mariana immediately, laughing.

– It might not to be the most beautiful – admitted Filipe –, but it sure is the most resilient castle of them all. The base is really wide. Besides, I really like the decoration with the shells.

– Right, right... But can Teresa's castle participate in the contest while being so weird? – asked Mariana.

– Of course it can. Why wouldn't it be able to? – answered Alberto swiftly.

Entretanto, os outros amigos também já tinham acabado os seus castelos. A Cátia e a Luísa tinham feito um castelo muito lindo. Tinham usado autocolantes dos seus livros, e no cimo de torre mais alta, tinham posto uma pena. O Alberto tinha feito um castelo com as muralhas redondas, o que era muito original. O Filipe tinha perdido algum tempo a ajudar a Teresa, por isso, o seu castelo estava muito básico—não tinha tido tempo para mais. Por fim, a Mariana tinha rodeado o seu castelo com um riacho cheio de água e tinha posto uma ponte levadiça feita com um pedaço de madeira na frente do castelo. Parecia uma miniatura de um verdadeiro castelo. Estavam todos os muitos entusiasmados a admirar os castelos uns dos outros, quando veio uma forte onda e os derrubou a todos. A todos, menos o a da Teresa.

Meanwhile, the other friends had also finished their castles. Cátia and Luisa had made a very beautiful castle. They had used stickers from their books, and at the top of the highest tower, they put a feather. Alberto had made a castle with round walls, which was very original. Filipe had wasted some time helping Teresa, so his castle was very basic—he didn't have time for more. Finally, Mariana had surrounded her castle with a stream full of water and put a drawbridge made with a piece of wood on the front of the castle. It looked like a miniature of a real castle. All were enthusiastic and admiring each other's castles when a strong wave came and destroyed all of the castles. All, but Teresa's.

– O castelo da Teresa podia até não ser o mais bonito – comentou o Filipe –, mas é sem dúvida o mais resistente de todos!

– Tens razão! A vencedora do concurso é… a Teresa! – gritou o Alberto.

– Mas o meu era o melhor de todos! Eu é que sou a vencedora! – reclamou a Mariana.

– Bem, na verdade, Mariana, o castelo da Teresa é o ÚNICO castelo a concorrer… – disse a Cátia.

– Além disso, a Teresa merece o prémio, porque demonstrou muita imaginação, e ainda mais importante, nunca desistiu! – acrescentou a Luísa.

– Teresa's castle might not have been the most beautiful – said Filipe –, but it is by far the toughest of them all!

– You're right! The winner of the contest is... Teresa! – shouted Alberto.

– But mine was the best of them all! I am the winner! – complained Mariana.

– Well, in fact, Mariana, Teresa's castle is the ONLY castle that is competing... – said Cátia.

– Besides, Teresa deserves the prize because she showed a lot of imagination, and more importantly, she never gave up! – added Luísa.

Sumário

Teresa e Mariana participaram num concurso de castelos de areia na praia. Mariana era muito boa, conseguindo construir belos castelos. Teresa era um pouco inexperiente, e os seus castelos não eram muito bonitos. Por não ter muita experiência a construir castelos, teve que passar por um duro processo de aprendizagem para conseguir fazer um castelo que fosse apropriado. Apesar de não ser o mais bonito, o castelo que a Teresa construi tinha outras qualidades que o castelo de Mariana não possuía. Assim, na hora de entregar o prémio ao castelo vencedor, a Mariana apanhou uma grande surpresa...

Summary

Teresa and Mariana were participating in a contest of sandcastles on the beach. Mariana was very good at it, and was able to build beautiful castles. Teresa was a bit inexperienced, and her castles were not very pretty. Because she didn't have much experience building castles, she had to go through a hard learning process to get a castle that was appropriate. Although not the most beautiful, the castle that Teresa built had other qualities that the castle of Mariana did not possess. So, when the time of handing the prize to the winning castle came, Mariana was up for a big surprise...

Vocabulary List

Aborrecida – bored, annoyed, upset;

Ânimo – spirit, mood;

Azar – bad luck, misfortune;

Beira-mar – in the beach or a sidewalk, right by the sea, waterfront;

Balde – bucket;

Brusca – abrupt, sudden, harsh, blunt;

Chão – floor, ground;

Chapéu – hat, cap;

Composto – composed, comprised, formed;

Desanimar – discourage, lose heart, dispirited;

Desmanchou-se – dissolved, fell down, came apart;

Desmoronou-se – collapsed, dissolved, came apart, landslide;

Desmotivada – discouraged, dispirited;

Embateu – clashed, struck;

Especada – still, motionless;

Estranho – weird, strange, odd;

Festa – party, festival;

Fogo – it can be used as an interjection, but literally it means "fire";

Gargalhada – a really loud and genuine laugh;

Gozar – to mock, to tease, but also to enjoy;

Indiferença – indifference, nonchalance;

Lanche – snack, small meal, usually in the middle of the afternoon;

Ligavam – connected, but it can also mean "called", as you'd call somebody on the phone;

Ocupada – busy, occupied;

Passeio – sidewalk, but it can also be used as "taking a walk" – "dar um passeio";

Perto – close, near;

Preguiça – laziness, but also used for the animal "sloth";

Redobrado – doubled, reinforced, intensified;

Reprimenda – reprimand, scolding;

Soltando – to let go of something;

Toalha – towel.

Perguntas

1. Porque ia Mariana para a praia?
2. A Mariana opunha-se a que Teresa participasse no concurso. Porquê?
3. Qual foi o primeiro erro de Teresa ao construir um castelo?
4. Escreva três traços de personalidade que caracterizam a Teresa.
5. Porque ganhou Teresa o concurso?

Escolha Múltipla

1. Quem era a pessoa mais nova do grupo de amigos?
   a) Alberto;
   b) Filipe;
   c) Cátia;
   d) Teresa.
2. Porque foi Teresa fazer o seu primeiro castelo para longe dos amigos?
   a) Porque gostava de estar sozinha;
   b) Porque achou aquele sítio melhor;
   c) Porque não queria que Mariana gozasse com o seu castelo;
   d) Porque não havia espaço.
3. Quantas torres tinha o penúltimo castelo de Teresa?
   a) Nenhuma;
   b) Cinco;
   c) Quatro;
   d) Três;
4. Qual dos amigos saiu prejudicado por ajudar Teresa?
   a) Filipe;
   b) Cátia;
   c) Mariana;
   d) Alberto.
5. O que usou Teresa para decorar o seu castelo?

a) Brinquedos;
b) Algas;
c) Autocolantes;
d) Conchas e búzios.

Questions

1. Why was Mariana going to the beach?
2. Mariana was opposed to Teresa participating in the contest. Why?
3. What was Teresa's first mistake when building the first castle?
4. Write down three personality traits that characterize Teresa.
5. Why did Teresa win the contest?

Multiple Choice

1. Who was the youngest of the group of friends?
   a) Alberto;
   b) Filipe;
   c) Cátia;
   d) Teresa.

2. Why did Teresa go far away from her friends to make the first castle?
   a) Because she liked being alone;
   b) Because she thought that spot was better;
   c) Because she didn't want Mariana to mock her;
   d) Because there was no space.
3. How many towers did Teresa's second-to-last castle have?
   a) None;
   b) Five;
   c) Four;
   d) Three.
4. Which friend was at a disadvantage for helping Teresa?
   a) Filipe;
   b) Cátia;

c) Mariana;

d) Alberto.

5. What did Teresa use to decorate her castle?

a) Toys;

b) Seaweed;

c) Stickers;

d) Whelks and shells.

Respostas

1. Porque havia um concurso de castelos de areia na praia.
2. Porque achava que ela era muito nova.
3. Usou areia muito seca.
4. Persistente, lutadora, trabalhadora (mas outras respostas também são possíveis).
5. Porque era o único que tinha sobrevivido à onda que derrubou todos os outros castelos.

Escolha Múltipla

1. d)
2. c)
3. b)
4. a)
5. d)

Answers

1. Because there was a sandcastle contest at the beach.
2. Because she thought Teresa was too young.
3. She used dry sand.
4. Persistent, fighter, hard-working (but other answers are also possible).
5. Because it was the only one standing after the wave destroyed every other castle.

Multiple Choice

1. d)
2. c)

3. b)
4. a)
5. d)

Chapter 3 – O Viajante Américo

Américo era uma formiga jovem e de todas a mais **trabalhadora**. Durante o Verão tinha trabalhado muito, tal como a sua família, para poderem ter comida no Inverno. Por isso, andava cansado e precisava de **repousar**.

Américo was a young ant, and out of them all, the one that worked the hardest. During summer, he had worked hard, just like his family, so they could have food during the winter. So, he was tired and needed to rest.

– Tens que ir **férias**, Américo – a mãe dele disse. – Precisas de descansar!

– Eu estou de **acordo**! – disse o pai.

– Vai, Américo, diverte-te! E não te esqueças de me trazeres **prendas**! – disse o seu irmão Fumiga.

– You have to go on a vacation, Américo – his mother said. – You need to rest!

– I agree! – said the dad.

– Go, Américo, have fun! And don't forget to bring me gifts! – said his brother Fumiga.

Ele não podia ir com ele porque era muito pequenino ainda. Além disso, havia festas na terra e concursos a que Fumiga nunca tinha faltado – e esta não iria ser a primeira vez. Américo foi fazer a sua **mala** de viagem. Como gostava bastante de pintar, pegou na **caixa** das tintas e no lanche que a mãe lhe preparara e partiu.

Ao chegar a um bosque com árvores muito altas, respirou fundo:

He couldn't go with him because he was still too small. Besides, there were parties and contests on their village that Fumiga had never missed—and this wouldn't be the first time. Américo went to pack his bag for the trip. Since he liked painting a lot, he took the box of paints and the snacks that his mother prepared for him and left.

When he got to a wood with very tall trees, he took a deep breath:

– Que boa vida! Que bem se respira! Aqui todos são felizes, tenho a certeza!

– What a good life! So easy to breathe! Here everyone is happy, I am sure!

Então pareceu-lhe ouvir chorar. Olhou à volta dele, e foi então que finalmente viu que em cima de um cogumelo, estava uma borboleta a chorar, dizendo:

Then he thought he heard someone crying. He looked around, and then finally he saw that on top of a mushroom, there was a butterfly crying and saying:

– Oh, não! Vê só o que me fez um menino com a sua **rede** de apanhar borboletas!

– Não te preocupes bonita borboleta; eu vou ajudar-te! – disse o Américo.

– Oh, muito obrigada, cara formiga! O que posso fazer por ti? – disse a borboleta.

– Tu és muito bonita e tens muitas cores nas tuas asas. Posso pintar o teu **retrato**? – perguntou Américo.

– Claro! – disse logo a borboleta.

– Oh, no! Just look at what a boy has done to me with his net for catching butterflies!

– Don't worry, beautiful butterfly; I will help you! – said Américo.

– Oh, thank you, dear ant! What can I do for you? – said the butterfly.

– You are very pretty and have many colors in your wings. Can I paint your portrait? – asked Américo.

– Of course! – said promptly the butterfly.

Américo começou então a pintar no seu caderno a sua nova amiga. As suas asas tinham verde, azul, amarelo, e roxo nelas. Era incrível. Parecia quase um **arco-íris**! Quando finalmente acabou, a borboleta agradeceu mais uma vez a ajuda e foi embora.

Américo then started to paint his new friend on his notebook. Her wings had green, blue, yellow, and purple in them. It was incredible. It almost seemed like a rainbow! When he was finally done, the butterfly thanked him once more and left.

Pouco a pouco, ia **escurecendo**. Américo estava sentado debaixo de uma árvore e tentava dormir, mas não conseguia. Tinha medo do

escuro e das sombras que fazia a **Lua**. Ao longe, via qualquer coisa a **piscar** – aproximava-se um **pirilampo**, com a sua luz acesa, que se ofereceu para lhe fazer companhia durante a noite. Só assim o Américo conseguiu adormecer.

Little by little, it was getting dark. Américo was sitting under a tree and trying to fall asleep, but he couldn't. He was afraid of the dark and of the shadows made by the moon. He saw something flashing— a firefly was approaching, with his light on, and offered to keep him company overnight. It was only then that Américo was able to sleep.

Quando acordou, o sol brilhava e estava muito calor. Mas logo, lhe caiu uma **gota** de água na cara, e outra e outra ainda. "Está a chover", pensou, surpreendido. Olhou para o céu, e o sol continuava a brilhar. Então descobriu a origem das gotas de água: pousado num ramo, um passarinho chorava. Era um pintarroxo. Mas um pintarroxo que não tinha **peito** avermelhado como os outros da sua espécie—o seu peito era branco, e por isso, chorava.

When he woke up, the sun was shining, and it was really hot. But soon, a drop of water fell on his face, and another and yet another. "It's raining," he thought, surprised. He looked up at the sky, and the sun kept shining. Then he discovered the origin of the water droplets: on a branch, a little bird was crying. It was a linnet. But a linnet who had no reddish chest, unlike the other birds of his species—his chest was white, and for that, it was crying.

– Não te preocupes, meu amigo – disse Américo – eu trato disso!

– Don't worry, my friend – said Américo – I'll take care of that!

Então Américo pegou num **pincel** e na tinta vermelha e pintou o peito do passarinho. O passarinho ficou tão contente que não conseguia parar de cantar. Perguntou ao Américo o que podia fazer por ele, e Américo pediu-lhe se podia pintar o retrato dele, e assim fez. Pegou então no seu caderno de **desenho** e desenhou o belo passarinho. Desenhou as **penas**, o **bico**, as pequenas **patas**, a cabeça, e o peito vermelho. Pouco tempo depois de ter acabado, chegou a fêmea do pintarroxo que andava à procura dele, e partiram os dois.

So Américo took out his brush and the red paint and painted the bird's chest. The little bird was so happy that he couldn't stop singing. He asked Américo what he could do for him, and Américo asked if he could paint his portrait, and so he did. He took out his sketchbook and painted the beautiful little bird. He painted the feathers, the beak, the small paws, the head, and the red chest. Not long after the portrait was finished, the female linnet who was looking for him came, and the two left.

Américo continuou também as suas férias. Estava a andar pela floresta, em busca de um lago para pintar e beber água quando caiu num **buraco**. Magoou a cabeça nas pedras e, quando olhou para cima, viu o céu lá no alto. Pensou que já não conseguiria sair daquele buraco, quando ouviu uma vozinha que dizia:

Américo went on with his holidays as well. He was walking along the forest, in search of a lake to paint and drink a bit of water when he fell down a hole. He hurt his head on the rocks, and when he looked up, he saw the sky high above. He thought he wouldn't be able to get out of that hole when he heard a little voice saying:

– Não te preocupes amigo. Vou tirar-te daí.

– Don't worry, buddy. I'm going to get you out of there.

De um pequeno túnel saiu uma toupeira. Fora ela que falara. Aquele túnel era o caminho que levava à sua casa. Américo saiu do buraco através do túnel. Por fim, chegaram a casa da Toupeira. A casa era muito grande e bonita e tinha uma família **encantadora**: além do Sr. Toupeira, estava lá a Sra. Toupeira, e os filhos Topix, Topal, e o Toupinha Jr. Equanto, a sra. Toupeira preparava a Américo uma chávena de chá de ervas aromáticas com mel que o ia ajudar com a dor de cabeça, e os filhos divertiam-se, **sacudindo** as calças de Américo para lhes tirar a **terra**. Depois, comeram uma **bela** refeição. Américo claro, pediu-lhes ainda se podia pintar a sua bela casa.

Out of a small tunnel came a mole. It was this mole that had spoken. That tunnel was the path to his house. Finally, they arrived at the mole's house. His home was very large and beautiful, and he had a lovely family: besides Mr. Mole, there was Mrs. Mole and the children Topix, Topal, and Toupinha Jr. Meanwhile, Mrs. Mole prepared Américo a cup of aromatic herbal tea with honey to help with his headache, and the children were having fun, shaking Américo's pants to get the dirt off of them. Afterward, they ate a fine meal. Américo, of course, asked if he could paint their beautiful home.

Quando acabou a pintura, Américo despediu-se dos seus bons amigos, agradeceu e foi-se embora. Correu e passeou pelo bosque até ficar cansado. Foi então que sentiu fome e percebeu que tinha perdido a comida no buraco.

When he finished his painting, Américo said goodbye to his good friends, he thanked them and left. He ran and walked along the woods until he was tired. It was then that he felt hungry and realized he had left his snacks in the hole.

– Tenho tanta fome! – disse em voz alta.

– I'm so hungry! – said Américo out loud.

Um esquilo que estava por perto à procura de nozes, pinhões e outros frutos do bosque, ouvi-o. Tinha de guardar comida para o Inverno, mas não queria deixar aquela pobre formiga com fome. Disse então a Américo que podiam ir a casa dele para comer qualquer coisa. Américo agradeceu, mas sabendo que o esquilo deveria precisar de comida para o Inverno, dispôs-se logo a ajudá-lo a recolher comida. Quando finalmente foram para casa depois de trabalhar, o esquilo ofereceu-lhe um grande ovo e um copo de leite! Américo agradeceu mais uma vez e foi-se embora.

A squirrel that was nearby looking for walnuts, pine nuts, and other wood nuts, heard him. He had to save food for the winter, but he didn't want to leave that poor ant that hungry. She then told Américo that they could go to his house to eat something. Américo said thank you, but he knew the squirrel probably needed food for the winter, so he immediately offered his help to collect food. When they finally headed home after working, the squirrel offered him a big tree leaf and a glass of water! Américo thanked him once more and left.

Já a caminhar pelo bosque, Américo apercebeu-se que não tinha parado um só instante desde o início das férias. Pensou que era melhor voltar para casa. Neste bosque, não iria conseguir descansar.

Already walking through the woods, Américo realized he hadn't rested for a second since the beginning of the holidays. He thought it was better to return home. In these woods, he wouldn't be able to rest.

Quando Américo chegou a casa, a sua família ficou muito contente. Todos tinham muitas coisas para lhe contar, mas primeiro, perguntaram como tinha sido a viagem. Américo mostrou à família os desenhos que tinha feito e todos ficaram encantados. A **notícia** correu pelo bosque, e todos os animais quiseram ver os famosos desenhos de Américo. Até os novos amigos que tinha feito se quiseram juntar a eles: a borboleta, os pintarroxos, o pirilampo, a família Toupeira, e o esquilo. Depois de uma grande refeição, todos se foram embora, e o Américo deitou-se na cama que o pai lhe tinha preparado no jardim e adormeceu! Por fim, tinha conseguido umas férias… no jardim de sua casa.

When Américo got home, his family was really happy. All of them had many things to tell him, but first, they asked how his trip had been. Américo showed his family the paintings he had done, and everyone was amazed. The news went around the woods, and every animal wanted to see Américo's famous paintings. Even his new friends wanted to join him: the butterfly, the linnets, the firefly, the Mole family, and the squirrel. After a big meal, everyone left, and Américo lay on the bed his dad had made for him on the garden and fell asleep! At last, he got his holidays… in his house's garden.

Sumário

Américo era uma formiga muito trabalhadora. Tinha trabalhado todo o Verão para poder ter comida suficiente no Inverno. Ficou tão cansado que a sua família lhe disse que era melhor ele ir de férias para descansar. Então, lá foi Américo para o bosque para relaxar. Como gostava muito de pintar, levou os seus pincéis e tintas, e ao longo das aventuras das suas férias, teve a oportunidade de pintar vários retratos. Toda essa prática fez com que ele melhorasse muito as suas capacidades – algo que todos os animais do bosque confirmaram!

Summary

Américo was a very hard-working ant. He had worked all summer so he could have enough food in the winter. He got so tired that his family told him he'd better go on vacation to rest. So, there went Américo to the woods, to relax. Since he liked to paint, he took his paintbrushes and paints, and throughout the adventures of his holiday, he had the opportunity to paint several portraits. All of that practice made him greatly improve his abilities—something every animal from the woods confirmed!

Vocabulary List

(de) Acordo – agreed, it's a deal;

Arco-íris – rainbow;

Bela – beautiful, gorgeous, lovely;

Bico – beak, nozzle;

Buraco – hole, gap;

Caixa – box, case;

Desenhos – drawings, paintings;

Encantadora –charming, delightful;

Escurecendo – getting dark, the sun fading away;

Escuro – dark, dim;

Férias – vacation, holidays;

Gota – drop, droplet;

Lua – moon

Mala – suitcase, bag, backpack;

Notícia – news;

Patas – paws, hoofs, legs;

Peito – chest, breasts;

Penas – feathers, but it can also mean "pity", as in you'd feel "pity for someone" – "pena de alguém";

Pincel – brush;

Pirilampo – firefly;

Piscar – blinking, winking, flashing;

Prendas – gift, presents, treats;

Rede – net, network;

Repousar – rest, relax, lie down;

Retrato – portrait;

Sacudindo – shaking, rattling, rocking;

Terra – earth, land, small village;

Trabalhadora – very hard worker;

Viajante – Traveler, voyager.

Perguntas

1. Porque precisava Américo de ir de férias?
2. De que animal do bosque Américo pintou o retrato primeiro?
3. Porque estava a chorar o passarinho?
4. Porque voltou Américo a casa?
5. O que fez os animais todos irem a casa de Américo?

Escolha Múltipla

1. Fumiga, o irmão de Américo, não foi com ele. Porquê?
   a) Era muito novo;
   b) Não queria ir;
   c) Tinha de trabalhar;
   d) Tinha de ir à escola.
2. Onde estava poisada a borboleta?
   a) Numa flor;
   b) Num galho;
   c) Num cogumelo;
   d) Numa pedra.
3. Quais eram as cores das asas da borboleta?
   a) Roxo, preto, verde, branco;
   b) Verde, azul, amarelo, roxo;
   c) Verde, amarelo, vermelho, azul;
   d) Amarelo, azul, castanho;
4. O que deu a Sra. Toupeira a Américo para ajudar com a dor de cabeça?
   a) Um café;
   b) Leite com canela;
   c) Um copo de vinho;
   d) Um chá com mel.
5. O que comeu Américo na casa das Toupeiras?
   a) Um grande ovo;
   b) Um copo de leite;
   c) Cajús;

d) Amêndoas.

Questions

1. Why did Américo need to go on a vacation?
2. What forest animal did Américo paint the portrait of first?
3. Why was the little bird crying?
4. Why did Américo return home?
5. Why did all the animals go to Américo's house?

Multiple Choice

1. Fumiga, Américo's brother, couldn't go with him. Why?
   a) He was too young;
   b) He didn't want to;
   c) He had to work;
   d) He had to go to school.

2. What was the butterfly standing on?
   a) Flower;
   b) Twig;
   c) Mushroom;
   d) Rock.
3. What were the colors on the butterfly's wings?
   a) Purple, black, green, white;
   b) Green, blue, yellow, purple;
   c) Green, yellow, red, blue;
   d) Yellow, blue, brown.
4. What did Mrs. Mole give Américo to help with the headache?
   a) A coffee;
   b) Milk with cinnamon;
   c) A glass of wine;
   d) A tea with honey.
5. What did Américo eat at the Mole family's house?
   a) A big egg;
   b) A glass of milk;

c) Cashews;
d) Almonds.

Respostas

1. Porque tinha trabalhado muito e precisava de descansar.
2. A borboleta.
3. Porque era um pintarroxo, mas não tinha o peito vermelho como os outros pintarroxos.
4. Porque não conseguia descansar no bosque.
5. Porque queriam ver os famosos desenhos de Américo.

Escolha Múltipla

1.)
2. c)
3. b)
4. d)
5. a)

Answers

1. Because he had worked a lot and needed to rest.
2. The butterfly.
3. Because he was a linnet, but he didn't have a reddish chest like the other linnets.
4. Because he wasn't able to rest properly in the woods.
5. Because they wanted to see Américo's famous drawings.

Multiple Choice

1. a)
2. c)
3. b)
4. d)
5. a)

Chapter 4 – O Pão Mais Saboroso

– Só temos fiambre para pôr no pão! – disse Carla, a mãe de Zé.

– O que é isto? Não quero comer isto! Pior só comer o pão sem nada por dentro! – **resmungou** Zé.

– Ai este rapaz, tão **esquisito**. Mas a culpa é toda minha! O que é que queres comer então? – perguntou a mãe.

– Quero uma sandes de ovo **cozido**, com maionese **caseira**, alface e tomate, e milho. – respondeu Zé, a salivar.

– Mas não tenho isso tudo aqui agora! E maionese caseira? Não comes se não for caseira? – disse a mãe, quase em **desespero.**

– Não, Mãe, a tua sabe muito melhor! – disse Zé, a tentar **convencer** a mãe.

– We only have ham to put in the bread! – said Carla, Zé's mother.

– What is this? I don't want to eat this! There is only one thing that is worse than this, and that is eating the bread with nothing in it! – protested Zé.

– Oh, this boy, so picky. But the fault is all mine. What do you want to eat, then? – asked the mother.

– I want an egg sandwich, with homemade mayonnaise, lettuce, tomato, and corn. – answered Zé, salivating.

– But I don't have all of that at home now! And homemade mayonnaise? You won't eat it unless it is homemade? – said the mother, almost in despair.

– No, Mom, yours tastes better! – said Zé, trying to persuade his mom.

Depois de uns minutos nisto, a mãe acabou por **ceder**. Zé já sabia como era—bastava insistir um bocadinho, e a mãe acabava por ceder. Das raras vezes que dizia que não, Zé punha uma cara triste, recusava a comida que a mãe lhe dava em alternativa, depois dizia que tinha fome, e a mãe lá ia preparar o que o filho queria em primeiro lugar. Sempre tinha sido assim, e agora Carla sentia que já era tarde para mudar. Nem ela conseguia dizer que não ao filho, nem o filho fazia um **esforço** para se adaptar. Ao menos, podia ser ele a fazer a própria comida, mas não! Era sempre algo especial, e tinha que ser sempre a mãe.

After a few minutes of this, the mom ended up giving in. Zé knew how it worked—he just had to be insistent, and his mom would always end up giving in. The few times she said no, Zé would put on a sad face, refuse the food his mom gave him instead, then say he was hungry, and the mother would go and make what the son wanted in the first place. It had always been like that, and now Carla thought it was too late to change anything. She wasn't able to say no to her son, and the son didn't try to adapt. He could, at least, be the one that was preparing his own food, but no! It always had to be something special, and it always had to be his mother preparing it.

O pai de Zé, Ricardo, achava que isto tudo era um **exagero**. Ricardo, no entanto, era um homem **calado** que **raramente** dava a sua opinião. Quando estavam à mesa, o pai olhava para os dois com uma expressão de **reprovação**, mas nada dizia. Era um homem de acções e poucas palavras. Decidiu então dar uma lição valiosa a Zé— custava-lhe ver a mulher, que não ia para nova a ter tanto trabalho para cuidar de um rapaz crescido. Mas mais do que isso, não gostava nada de ver o seu filho, que se estava a tornar um homem, a ser tão **mimado** e a não saber cuidar de si.

Zé's dad, Ricardo, thought that this was all too much. Ricardo was, however, a very quiet man who always kept his opinion to himself. When they were at the table, the father would look to both with an expression of disapproval, but he wouldn't say anything. He was a man of action, not of words. He then decided to teach Zé a valuable lesson—it was hard for him to see his wife that wasn't getting any younger, having so much work while caring for a grown-up boy. But more than that, he really didn't like that his son, who was becoming a man, was so spoiled and that he didn't know how to take care of himself.

O pai **tossiu** então duas vezes, que era o sinal de que ia falar, e tanto a mãe como o filho se calaram. Disse então o pai:

The dad then coughed twice, which was the signal indicating he was going to speak, and both mother and son stopped talking. Then, the dad said:

– Amanhã vens trabalhar comigo para o **campo**. Passa lá à hora de almoço um homem que vende o melhor pão do mundo. Quando provares aquilo, não vais querer outra coisa para o resto da vida.

– A sério, Pai? Óptimo! Quero ir! Mas tenho mesmo que trabalhar? – **queixou-se** Zé.

– Ai este rapaz, não quer fazer nada, que preguiçoso! – disse a mãe.

– De qualquer maneira, se vais, não te faz mal nenhum ajudar aqui o teu velhote. – respondeu o pai.

– Tomorrow, you are going to come with me to work in the field. By lunchtime, a man that sells the best bread in the world passes by. When you taste that, you will not want anything else for the rest of your life.

– Really, Dad? Great! I want to go! But do I really have to work? – complained Zé.

– Oh, this boy, he doesn't want to do anything, so lazy! – said the mother.

– Since you're going anyway, it won't hurt giving your old man a hand. – answered the dad.

Então, no dia seguinte, pai e filho, de saco às costas, lá foram para o campo trabalhar. Trabalharam **arduamente** a manhã inteira, e o filho não se saiu nada mal. Tinha um corpo atlético e bom para trabalhar, o que era natural porque comia muito bem. Perto já da hora de almoço, pai e filho começaram a ficar **esfomeados.** O Zé já estava a salivar só de pensar no melhor pão do mundo que o pai lhe prometera.

So, the following day, father and son, each with a backpack, went to the field to work. They worked strenuously throughout the whole morning, and the son wasn't doing bad at all. He had an athletic body that was good to work, which was natural since he ate so well. When it was near lunchtime, father and son were starting to get really hungry. Zé was already salivating just by thinking about the best bread in the world that his dad promised him.

– Então pai, quando chega o senhor do pão? – perguntou o filho, já **ansioso**.

– Já deve estar aí a vir… – respondeu o pai, calmamente.

– So, dad, when does the man with the bread get here? – asked the son, already anxious.

– He must be here any minute now… – answered the dad, calmly.

Entretanto, continuaram a trabalhar. Mais umas horas se passaram, e o senhor do pão ainda não tinha chegado. Zé começava já a ficar **exasperado**, mas o seu pai mantinha uma calma **estóica**. O filho perguntava **incessantemente**:

Meanwhile, they kept working. A few more hours went by, and the man with the bread had still not yet arrived. Zé was beginning to despair, but his dad was super calm. The son asked, relentlessly:

– Pai, quando chega o senhor? Já passa da hora de almoço!

– Já deve estar aí a vir… – respondia o pai.

– Dad, when does the man get here? It's long past lunchtime!

– He must be here any minute now…. – would answer the dad.

Até que o dia começava já a escurecer, e nada do senhor do pão. O filho estava absolutamente esfomeado. Tinha tanta fome que nem conseguia **reclamar** com o pai por o senhor não ter aparecido. Foi então que o pai tirou do seu saco dois pães. Deu um ao filho e começou a comer o outro. Zé estava tão cansado que começou a comer o seu pão também, sem sequer perguntar, como sempre fazia, o que levava dentro.

The day started to become darker and darker, and the man with the bread was nowhere to be seen. The son was absolutely famished. He was so hungry that he wasn't even able to say anything to his dad about the man not showing up. It was then that the dad took out of his bag two pieces of bread. He gave one to his son and started eating the other. Zé was so tired that he started eating his bread as well, without even asking, as he always did, what was inside it.

Quando Zé acabou de comer, o pai perguntou:

When Zé finished eating, the dad asked:

– Sabes o que levava o pão?

– Não sei; só sei que foi o melhor pão que já comi na minha vida!

– Então ficas a saber: não levava nada, filho. O trabalho e a fome, fazem qualquer coisa saber bem, e nós temos o **privilégio** de ter muitas coisas à escolha para comer, mas nem toda a **gente** pode dizer o mesmo. Por isso, temos que saber dar valor ao que temos.

– Do you know what was in the bread?

– I don't know; I only know that it was the best bread I have ever eaten in my life!

– So, now you know: there wasn't anything in it, son. Work and hunger make anything taste delicious, and we have the privilege of having many things to choose to eat from, but not everybody can say the same thing. Because of that, we have to value what we have.

O filho aprendeu a lição, e desde então, aceitou sempre o que a mãe lhe dava para comer.

The son learned his lesson, and from that day on, he always accepted whatever his mom gave him to eat.

Sumário

Zé é um rapaz que come muito mas que é muito esquisito. A sua comida tem sempre de ser especial. O pai, pronto a ensinar-lhe uma lição, diz-lhe para ir com ele trabalhar um dia para o campo, que lá passa sempre um homem à hora de almoço com o pão mais saboroso do mundo. O filho, entusiasmado, acede, e no dia seguinte lá vão os dois para o campo trabalhar. O trabalho no campo é árduo, e ao aproximar-se a hora de almoço, os dois estão já esfomeados. Porém, o homem naquele dia estava atrasado. O pai e filho vão ficando com cada vez mais fome. À medida que o tempo vai passando e o dia escurecendo, a fome não lhes permite aguentar mais o trabalho. É então que o pai tira do saco dois pães e dá um ao filho. Este fica deliciado já que se apercebe que acaba de comer a melhor refeição da vida dele.

Summary

Zé is a boy that eats a lot but is very picky. His food always has to be special. His dad, eager to teach him a lesson, tells him to go and work with him in the field one day, since a man that has the best bread in the world passes by around lunchtime. The son, excited, agrees, and the next day, both go to the field to work. The work in the field is hard, and when lunchtime came, both were already starving. However, the man was late that day. Father and son are hungrier and hungrier. As time goes by, and the day ends, their hunger doesn't allow them to carry on working. It is then that the father gets two buns out of his bag, giving one to the son. The son is delighted since he realizes he just ate the best meal of his life.

Vocabulary List

Ansioso – anxious, eager, keen;

Arduamente – hard, strenuously;

Calado – it describes somebody who is not speaking, but when used as an adjective, it means "quiet";

Campo – field, countryside;

Caseira – homemade, homey;

Ceder – giving in, breaking, yield, compromise;

Convencer – to persuade, to convince, win over;

Cozido – boiled;

Desespero – despair, distress;

Esfomeado – starving, famished;

Esforço – effort, struggle;

Esquisito – picky, weird, strange, awkward;

Estóica – stoic;

Exagero – exaggeration, overdo, overindulge;

Exasperado – exasperated, despaired, panicked;

Gente – crowd, people;

Incenssantemente – non-stop, relentlessly;

Mimado – spoiled, pampered;

Privilégio – privilege;

Queixou-se – complained;

Raramente – rarely, scarcely;

Reclamar – to complain, to talk back to someone in a rude way;

Reprovação – disapproval, condemnation;

Resmungou – grumbled, muttered;

Tossiu – coughed.

Perguntas

1. Sobre o que falam mãe e filho no primeiro parágrafo?
2. Porque Zé era tão esquisito com a comida?
3. O que disse o pai sobre o assunto?
4. Por que motivo não passou o homem do pão?
5. Porque soube o pão sem nada tão bem a Zé?

Escolha Múltipla

1. O que queria Zé na sua sandes?
   a) Carne assada;
   b) Ovos mexidos e ketchup;
   c) Fiambre e queijo;
   d) Ovo cozido e maionese caseira.
2. Que sinal fazia Ricardo para mostrar que ia falar?
   a) Tossia;
   b) Coçava a barba;
   c) Arrotava;
   d) Falava mais alto.
3. O corpo do Zé era tal como o de um…?
   a) Um bailarino;
   b) Um trabalhador das obras;
   c) Um desportista;
   d) Um rei gordo;
4. Quando comeram o pão Zé e Ricardo?
   a) Ao almoço;
   b) Ao jantar;
   c) Quando o dia começou a escurecer;
   d) Quando voltaram a casa.
5. O que estava dentro do pão?
   a) Ovo cozido e maionese caseira;
   b) Um bife;
   c) Presunto;
   d) Nada.

Questions

1. What are mother and son talking about in the first paragraph?

2. Why was Zé so picky with the food?

3. What did the father say about the matter?

4. Why didn't the man that sold the bread come?

5. Why did the bread taste so good to Zé?

Multiple Choice

1. What did Zé want in his sandwich?
   a) Roasted meat;
   b) Scrambled eggs and ketchup;
   c) Ham and cheese;
   d) Boiled egg and homemade mayonnaise.
2. What signal did Ricardo make to show that he was going to talk?
   a) Coughed;
   b) Scratched his beard;
   c) Burped;
   d) He spoke louder.
3. Was Zé's body just like a...?
   a) A dancer;
   b) A worker;
   c) A sportsman;
   d) A fat king.
4. When did Zé and Ricardo eat the bread?
   a) At lunch;
   b) At dinner;
   c) When the day began to darken;
   d) When they came home.
5. What was in the bread?
   a) Cooked egg and homemade mayonnaise;
   b) A steak;
   c) Ham;
   d) Nothing.

Respostas

1. Estão a falar sobre o que Zé quer na sandes dele.
2. Porque a mãe o tinha habituado mal.
3. No início nada. Depois, disse ao filho que iam trabalhar para o campo no dia seguinte.
4. Porque era mentira, não havia homem do pão.
5. Porque estava cheio de fome e cansado.

Escolha Múltipla

1. d)
2. a)
3. b)
4. c)
5. d)

Answers

1. They are talking about what Zé wants in his sandwich.
2. Because his mother had spoiled him.
3. At the beginning, nothing. Then, he said he would take them to work with him in the field the following day.
4. Because it was a lie; there was no man who sold bread.
5. Because he was starving and tired.

Multiple Choice

1. d)
2. a)
3. c)
4. c)
5. d)

Chapter 5 – O Grande Castanheiro

Numa **aldeia** remota em Trás-os-Montes, longe de tudo e de todos, havia um grande castanheiro, que era o único dessa aldeia. Este castanheiro era muito admirado e adorado por todos os habitantes da aldeia. Em primeiro lugar, pelo seu tamanho. Os habitantes da aldeia, mesmo os que já tinham viajado por outras terras, nunca tinham visto uma árvore tão grande. Os **ramos** estendiam-se por metros, e o tronco era muito, muito grosso e alto.

In a remote village in Trás-os-Montes, far from everything and everyone, there was a great chestnut tree, which was the only one in that village. This chestnut tree was very admired and adored by all of the inhabitants of the village. First of all, due to its size. The inhabitants of the village, even those who had already traveled to other villages, had never seen such a large tree. The branches were several meters long, and the trunk was very, very thick and tall.

Além de todo o seu **esplendor**, as pessoas também tinham uma grande **estima** pelo castanheiro porque este ajudava os habitantes de várias formas. A madeira que retiravam dos grandes ramos e galhos que iam caindo servia para fazer todo o tipo de **construções**: casas, camas, barracas, utensílios, **mobília** para o interior das casas, ferramentas, etc. Além de servir vários fins, a madeira era ainda de muito boa qualidade, e bastante resistente às temperaturas muito baixas e muito altas, que se sentiam no Inverno e no Verão, **respectivamente**, naquela aldeia.

Besides all of its splendor, people also had great esteem for the chestnut tree because it helped the inhabitants in various ways. The wood that they took from the large branches and twigs that were falling was used to make all kinds of constructions: houses, beds, shacks, utensils, house furniture, tools, etc. Besides serving several purposes, the wood was of incredible quality, and very resistant to very low and very high temperatures, which were felt during the winter and the summer, respectively, in that village.

Mas não só a madeira da árvore era usada pelos habitantes. Também as grandes **folhas** do grande castanheiro eram aproveitadas para fazer roupa, mantas, cobertores, cortinados, toalhas, tapetes, guardanapos, e tantas outras coisas. As folhas eram **suaves**, mas resistentes, e as roupas ou qualquer outro **tecido** feito a partir daquelas folhas durava vários anos. Além disso, como a cor das folhas mudava durante as estações do ano, os habitantes jogavam com isso. Por exemplo, no **Outono**, as folhas estavam avermelhadas, criando uma **tonalidade** muito bonita, enquanto que ma Primavera são verdes.

But the wood was not the only thing used by the inhabitants. The large leaves of the great chestnut tree were also used to make clothes, covers, blankets, curtains, towels, carpets, napkins, and so many other things. The leaves were soft but sturdy, and the clothes or any other fabric made from those leaves lasted for several years. Moreover, since the color of the leaves changed during the different seasons of the year, the inhabitants could take advantage of that. For instance, in the fall, the leaves were reddish, creating a very beautiful hue, while in the spring, they were green.

Porém, não era só a madeira e as folhas que eram usadas. Também as **castanhas**, o fruto do castanheiro era usado pelos habitantes como **fonte** principal de alimentação. A colheita do fruto era feita em Novembro, e havia tantas castanhas, que chegavam para o ano todo. As castanhas podiam ser cozidas, assadas ou fritas, feitas em puré, ou usadas em mil e uma receitas que os locais foram aperfeiçoando ao longo dos anos. Para não se **enjoarem** de castanhas, foram várias as ideias que tiveram para diversificar as suas refeições. Mas as castanhas não serviam só de alimento aos habitantes. Como aquele castanheiro era tão grande, as castanhas que **sobravam** eram usadas também para alimentar os animais, que **adoravam** aquela comida e nunca se **fartavam**.

However, it was not just the wood and the leaves that were used. The chestnuts, the fruit of the chestnut tree, were also used by the inhabitants as the main source of food. The fruit was harvested in November, and there were so many chestnuts, that one harvest lasted for the whole year. The chestnuts could be cooked, roasted or fried, mashed just like mashed potatoes, or used in 1,001 recipes that the locals had perfected over the years. They had a lot of ideas to diversify their meals, just so they wouldn't get sick and tired of chestnuts. But the chestnuts did not serve only as food to the inhabitants. That chestnut tree was so large that the spare chestnuts were also used to feed the animals, who loved that dish and never had enough of it.

Ainda assim, não era só a madeira, nem as folhas, nem as castanhas que os habitantes usavam no seu dia-a-dia. Também as cúpulas espinhosas onde se encontram as castanhas são usadas para muitas coisas. A população usa-as principalmente para fazer **vedações** nas suas casas, mas também para decorar o interior.

Still, it was not just the wood, nor the leaves, nor the chestnuts that the inhabitants used in their day-to-day life. The spiny cupules where the chestnuts are found are used for many things as well. The population uses them mainly to make fences in their homes, but also to decorate the interior.

Era então claro que aquele castanheiro tinha assim muita **utilidade** para os habitantes da aldeia. No entanto, uma **tragédia** estava prestes a acontecer. Um fungo que afectava os castanheiros estava rapidamente a disseminar-se em Portugal. Tinha começado em Espanha, na Galiza, e agora estava a atravessar a **fronteira**. Para

impedir que se espalhasse, os especialistas recomendavam que se abatesse as árvores infectadas e todas aquelas que estavam próximas.

It was clear that the chestnut tree was very useful to the villagers. However, a tragedy was about to happen. A fungus that affected the chestnut trees was rapidly spreading in Portugal. It had begun spreading in Spain, in Galicia, and now it was crossing the border. To prevent it from spreading, the specialists recommended that the infected trees were cut down, as well as all of those which were too close.

O presidente da freguesia, quando soube daquela notícia, chamou logo os especialistas, para averiguarem se o castanheiro da aldeia estava infectado. E estava mesmo. Depois dos especialistas darem o seu **parecer**, o presidente da freguesia reuniu-se com a população da aldeia, para lhes contar o que estava a acontecer. Todos entenderam imediatamente as consequências daquele problema, e sabiam que só havia uma solução: cortar a árvore.

When the president of the village's parish heard about that, he immediately called the experts, so they could determine whether the village's chestnut tree was infected. And it actually was. The experts gave their opinion, and after that, the president of the village's parish met with the population to tell them what was happening. Everyone immediately understood the consequences of that problem, and they knew there was only one solution: cut down the tree.

Toda a gente ficou triste e **preocupada**. Triste porque adoravam aquela árvore—tinha sido uma companheira e um **marco** daquela aldeia durante muitos anos. Era **esplêndida**, **majestosa**, e despedirem-se dela ia ser difícil. Mas também estavam preocupados porque dependiam da árvore para sobreviver. Quase tudo o que tinham—desde casas, objectos, roupa, alimentação, originava daquela árvore, das suas folhas e das suas castanhas. Como iam fazer agora para sobreviver? O presidente da freguesia tentou acalmar a população, dizendo que iriam encontrar uma solução para resolver este problema, mas ainda não tinha conseguido encontrar nenhuma.

Everybody was sad and worried. Sad because they loved that tree—it had been a companion and the landmark of that village for so many years. It was splendid, majestic, and to say goodbye to it was going to be difficult. But they were also concerned because they depended on the tree to survive. Almost everything they had—from houses, objects, clothing, food, originated from that tree, from its leaves and its chestnuts. What would they do now to survive? The president of the parish tried to calm the population down, saying that they would find a solution to solve this problem, but he had nothing in mind.

Quando chegou o dia de cortar a árvore, toda a população se reuniu em **redor** dela. Ao verem a árvore cair, alguns até choraram. No entanto, uma mulher reparou que os homens que cortavam a árvore e que punham o tronco já num camião deixaram lá todas as castanhas que estavam no chão. Perguntou:

When the day to cut down the tree came, the whole population gathered around it. When they saw the tree fall down to the ground, some even cried. However, a woman noticed that the men who were cutting down the tree and putting the trunk in a truck left all of the chestnuts that were there on the ground. So, she asked:

– Desculpem, mas as castanhas não estão infectadas também? Não as vão levar?

– Não, as castanhas não são afectadas pelo fungo, só o tronco e as folhas. – respondeu um trabalhador.

– Boa, pelo menos assim ainda temos algumas castanhas durante o resto do ano. Mas quando acabarem estamos perdidos… – disse um homem que estava por perto e tinha ouvido a conversa.

– Não! Não vamos desperdiçar estas castanhas em comida; além disso, temos muitas ainda em **reserva**. O que podemos fazer é plantá-las, a todas, e ficar com tantos castanheiros, que mesmo que alguns fiquem podres, teremos muitos outros de que poderemos depender e assim continuar as nossas vidas! – disse com bastante entusiasmo a mulher.

– Excuse me, but aren't the chestnuts infected as well? Aren't you taking them?

– No, the chestnuts are not affected by the fungus, only the trunk and the leaves. – a worker replied.

– Good, at least we will still have some chestnuts for the rest of the year. But once we are done with those, we are lost... – said a man who was nearby and had heard the conversation.

– No! Let's not waste these chestnuts as food; besides, we have many left. What we can do is plant them, all of them, and grow so many chestnut trees, that even if some rot in the future, we will have many others one which we can rely on and continue our lives! – said the woman enthusiastically.

Quem ouviu o que a senhora tinha dito passou a palavra ao do lado, e assim que toda a gente percebeu qual era a ideia, ouviu-se uma **chuva de palmas**. Foi assim que, mesmo a morrer, a árvore deu ainda à sua população, por uma última vez, o que precisavam para sobreviver.

Whoever heard what the lady had said passed the word to someone else, and when everyone realized what the idea was, a round of applause could be heard. That was how, even when it was dying, the chestnut tree gave its population, one last time, what they needed to survive.

Sumário

Em Trás-os-Montes, numa aldeia remota, havia um grande e velho castanheiro que era admirado por todas as pessoas da aldeia. Esta grande árvore dava castanhas para as pessoas comerem, dava madeira para se construir casas, dava folhas que as pessoas usavam para fazer roupa, e dava uma grande sombra, para quem queria descansar depois de um longo dia de trabalho. A árvore era tão grande que era a única da aldeia, e todas as pessoas da aldeia sobreviviam, de uma forma ou outra, das coisas que a árvore proporcionava. Quando um dia, a árvore começou a apodrecer e teve que ser cortada, os habitantes da aldeia desesperaram. No entanto, mesmo a morrer, a árvore ainda tinha algo para dar...

Summary

In Trás-os-Montes, in a remote village, there was a big and old chestnut tree that was admired by everyone in the village. This big tree gave chestnuts for people to eat, gave wood to build houses, gave leaves that people used to make clothing, and it cast a big shadow, for whoever wanted to rest after a hard day's work. The tree was so big that it was the only one in the village, and everyone survived, in one way or another, from the things the tree provided. When, one day, the tree started rotting and had to be cut down, the villagers despaired. Nevertheless, and even though it was dying, the tree still had something to give...

Vocabulary List

Adoravam – adored, loved, worshipped;

Aldeia – small village;

Castanha – chestnut, but also the color "brown";

Chuva de palmas – literally: "rain of applause";

Construções – constructions, buildings;

Enjoarem – getting sick, nauseated;

Esplêndida – splendid, superb;

Esplendor – splendor;

Estima – esteem, value;

Fartavam – getting tired of something;

Folhas – leafs;

Fronteira – border, limit;

Fungo – fungus;

Impedir – to prevent, to stop;

Majestosa – majestic;

Marco – landmark, and also a name for boys;

Mobília – furniture;

Outono – fall;

Parecer – opinion;

Preocupada – preoccupied, worried;

Ramos – branches, twigs, ramifications;

Redor – around;

Reserva – in stock, but it can also be a "natural reservation" or "table reservation";

Respectivamente – respectively;

Sobravam – left over, spare;

Suaves – soft, smooth;

Tecido – fabric;

Tonalidade – tone, shade, hue;

Tragédia – tragedy;

Utilidade – utility, usefulness, value;

Vedações – fences.

Perguntas

1. Porque admiravam tanto a árvore os habitantes daquela aldeia?
2. O que ameaçava a paz naquela aldeia?
3. Como tinha isso acontecido?
4. Quais eram as consequências desse problema?
5. Como se resolveu a situação?

Escolha Múltipla

1. Quantos castanheiros havia na aldeia?
   a) Dois;
   b) Um;
   c) Três;
   d) Quatro.
2. A madeira era aproveitada para fazer…?
   a) Roupa;
   b) Carros;
   c) Todo o tipo de construções;
   d) Vedações.
3. As folhas eram aproveitadas para fazer…?
   a) Comida;
   b) Papel;
   c) Papel higiénico;
   d) Roupa e tecido.
4. As castanhas eram aproveitadas como…?
   a) Comida;
   b) Brinquedos para as crianças;
   c) Não eram aproveitadas;
   d) Ornamentos para as casas.
5. Quem arranjou a solução para o problema da aldeia?
   a) Uma mulher;
   b) Um homem;
   c) O presidente da freguesia;

d) Os homens que cortavam a árvore.

Questions

1. Why did the locals admire that tree so much?
2. What threatened the peace in the village?
3. How did that happen?
4. What were the consequences of that problem?
5. How was the situation solved?

Multiple Choice

1. How many chestnut trees were there in the village?
   a) Two;
   b) One;
   c) Three;
   d) Four.
2. The wood from the chestnut tree was used to make…?
   a) Clothing;
   b) Cars;
   c) All sorts of constructions;
   d) Fences.
3. The leaves were used as…?
   a) Food;
   b) Paper;
   c) Toilet paper;
   d) Clothing and fabric.
4. The chestnuts were used as…?
   a) Food;
   b) Toys for children;
   c) They weren't used at all;
   d) Home ornaments.
5. Who found the solution to the village's problem?
   a) A woman;
   b) A man;
   c) The president of the village's parish;
   d) The men that were cutting down the three.

Respostas

1. Porque era muito grande e alta, e tinha uma grande utilidade para os habitantes.
2. Um fungo que infectou a grande árvore.
3. Começou em Espanha, na Galiza, e espalhou-se até Portugal.
4. Iriam ter que cortar o castanheiro, e isso significava que iam perder a árvore que lhes dava tantas coisas.
5. Plantaram-se as castanhas, que não estavam infectadas, e assim iriam ter muitos castanheiros no futuro.

Escolha Múltipla

1. b)
2. c)
3. d)
4. a)
5. a)

Answers

1. Because it was very wide and tall, and the locals used it for several things.
2. A fungus infected the tree.
3. It started in Spain, in Galicia, and then spread to Portugal.
4. They would have to cut down the chestnut tree, and that meant they would lose the tree that gave them so many things.
5. The chestnuts, which did not get infected, were planted, and this way they would have many chestnut trees in the future.

Multiple Choice

1. b)
2. c)
3. d)
4. a)
5. a)

Chapter 6 – Vestir-se Para a Ocasião

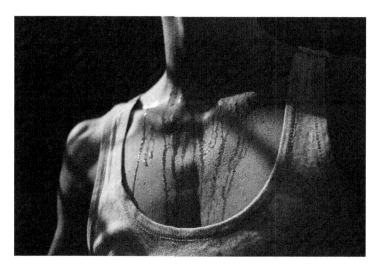

– Carlos, porque vieste para o jantar com essa roupa? Eu avisei-te que ia estar muito calor aqui! – disse Joana.

– Carlos, why did you come to dinner with that outfit? I warned you it would be very hot in here! – said Joana.

Carlos estava a **suar em bica**. Tinha vestido um **fato** cinzento com uma camisa branca e uma **gravata** azul. Estava todo **aperaltado**, mas insistia com Joana, a **namorada**, que estava bem. O **casal** de namorados ia jantar à casa dos pais de Joana, que ficava numa quinta no interior. No Verão, o calor que fazia era absolutamente **insuportável**. Em Lisboa, a **brisa** do mar ajuda nos dias mais difíceis, mas no interior, não há mar, logo também não há brisa. Joana tinha avisado Carlos para isso, mas Carlos ainda assim vestiu um fato.

Carlos was sweating a lot. He was wearing a gray suit with a white shirt and a blue tie. He was all dressed up, but he kept telling Joana, his girlfriend, that he was fine. The couple was going to have dinner at Joana's parents' house, which was on a farm in the countryside. In the summer, the heat there was absolutely unbearable. In Lisbon, the sea breeze helped during the hardest days, but in the countryside, there is no sea, so there is no breeze. Joana had warned Carlos about this, but Carlos wore a suit anyway.

– Vamos jantar com os teus pais; quero ir bem vestido! – respondeu Carlos.

– Mas já lá fomos tantas vezes. Porque é que hoje decidiste ir assim? – perguntou Joana.

– Acho que é importante fazer um esforço; quero que eles gostem de mim! – **argumentou** Carlos.

– Mas eles já gostam de ti… – respondeu Joana, sem perceber.

– We are going to have dinner with your parents; I want to dress appropriately! – replied Carlos.

– But we've been there so many times. Why did you decide to go like this today? – asked Joana.

– I think it's important to make an effort; I want them to like me! – argued Carlos.

– But they already like you... – replied Joana, not understanding his reasoning.

Entretanto, ainda em viagem no carro, Carlos suava por todos os lados. Nem com **ar condicionado** ou janela aberta a temperatura melhorou. Quando chegaram, e Carlos saiu do carro, parecia que tinham acabado de lhe deitar um balde de água para cima.

Meanwhile, inside the car on their way there, Carlos was sweating even more. The air conditioning or an open window didn't help at all with the temperature. When they arrived, and Carlos got out of the car, he looked like somebody had just thrown a bucket of water on him.

– Carlos, querias vir bem vestido para o jantar, mas neste momento, estás uma **lástima**. Ainda temos tempo antes do jantar, por isso vamos ali ao centro comprar qualquer coisa para tu vestires! – sugeriu Joana.

– Carlos, you wanted to come all dressed up for dinner, but right now, you're a mess. We still have time before dinner, so let's go to the town center to buy something for you to wear! – suggested Joana.

Carlos ainda tentou dizer que estava bem, que não era preciso, que com o calor ia **secar** rapidamente, mas Joana insistiu e Carlos teve que ceder. Além disso, quando se viu ao espelho, viu que não estava mesmo **apresentável**. Então, lá foram eles comprar roupa. No entanto, no centro só havia **lojas** de roupa **casual**. Nem uma camisa decente conseguiram encontrar. Carlos foi a todas as lojas mas teve que se contentar com uma t-shirt e uns **calções**.

Carlos still tried to say that he was fine, that it was not necessary, that with the heat he would dry out quickly, but Joana insisted, and Carlos had to give in. Besides, when he saw himself in the mirror, he realized he really wasn't presentable. So, there they went to buy clothes. However, in the town center, there were only casual clothing stores. He couldn't even find a decent shirt. Carlos went to all the stores but had to settle for a T-shirt and shorts.

– Deixa lá Carlos, é um jantar casual, não é uma **gala**! Não vai fazer diferença nenhuma! – disse Joana.

– Just leave it, Carlos, it's a casual dinner, not a gala! It won't make any difference! – said Joana.

Finalmente, chegou a hora de jantar, e o casal lá foi para a casa dos pais de Joana. O jantar correu lindamente, e a refeição estava deliciosa. Depois, estavam a ir para o jardim para tomar os cafés e beber um copo de **vinho do Porto**, já que fazia uma noite muito **agradável**, quando Carlos pediu a palavra. A sua expressão era **grave** e **séria**, e parecia nervoso. Todos se calaram, curiosos, e um pouco preocupados com o que Carlos iria dizer.

Finally, it was time for dinner, and the couple headed to Joana's parents' house. The dinner went beautifully, and the meal was delicious. After, they were going to the garden to drink the coffees and have a glass of port wine, since it was a very pleasant evening, when Carlos asked to speak. His expression was serious and grave, and he seemed nervous. Everybody stopped talking, curious, and a little worried about what Carlos had to say.

– Joana, estamos juntos há cinco anos. Gosto de tudo acerca de ti. Estou mais seguro do que nunca de que quero passar a minha vida contigo! Queres casar comigo? – disse Carlos, **ajoelhando-se** e tirando um anel do seu bolso.

– Já percebi tudo! Por isso insististe tanto para vir de fato hoje! – disse Joana, com um sorriso gigante.

– Isso é um sim ou um não? – perguntou Carlos, ainda ansioso.

– É um sim, claro que sim! – respondeu Joana, abraçando Carlos.

– Senhor Nuno, Dona Lena, dão-me a vossa **bênção** para casar com a vossa filha? – perguntou Carlos.

– Joana, we've been together for five years. I like everything about you. I have never been so sure that I want to spend my life with you! Will you marry me? – said Carlos, kneeling down and taking a ring out of his pocket.

– I've got it all figured out! This is why you insisted so much in wearing a suit today! – said Joana, with a giant smile.

– Is that a yes or a no? – asked Carlos, still anxious.

– It's a yes, of course! – replied Joana, hugging Carlos.

– Mr. Nuno, Mrs. Lena, will you give me your blessing to marry your daughter? – asked Carlos.

Os pais de Joana, apenas acenaram que sim com a cabeça, enquanto limpavam as lágrimas dos olhos.

Joana's parents just nodded yes with their heads, while wiping the tears from their eyes.

Sumário

Um casal de namorados, Joana e Carlos, vai jantar a casa dos pais de Joana. Estes viviam numa grande quinta no interior do país. No Verão, o calor que lá fazia era insuportável. Embora a sua namorada o tivesse avisado para isso, Carlos achava que estava a exagerar. Assim sendo, não se vestiu com roupa nada fresca, e o resultado não foi surpreendente. No entanto, o casal tentou resolver o assunto, comprando roupas mais frescas, só que nada do que encontraram era apropriado para a refeição, segundo Carlos.

Summary

A couple, Joana and Carlos, is going to have dinner at Joana's parents' house. These two lived in a big manor in the countryside. During the summer, the heat was unbearable. Even though his girlfriend had warned him about that, Carlos thought she was exaggerating. So, he didn't wear light clothes, and the result was not surprising. The couple did, however, try to solve the situation, buying lighter clothes, but nothing they found was appropriate for the meal, according to Carlos…

Vocabulary List

Agradável – nice, pleasant, enjoyable;

Ajoelhando-se – taking a knee, kneeling;

Aperaltado – very nicely dressed or even overdressed;

Apresentável – presentable;

Ar condicionado – air conditioning (AC);

Argumentou – argued;

Benção – blessing;

Brisa – breeze, wind;

Calções – shorts;

Casal – a couple (romantic relationship);

Casual – casual, informal, laidback;

Fato – suit;

Gala – gala;

Gravata – tie;

Grave – grave[2], significant, serious;

Insuportável – unbearable, intolerable;

Lástima – pity,

Lojas – stores, shops;

Namorada – girlfriend (boyfriend = namorado);

Secar – to dry up or out;

Séria – serious, grave;

---

[2] The word "grave" can also be used in a cemetery or graveyard context. The correspondent word in Portuguese is "campa" or "túmulo".

Suar em bica – Portuguese expression, meaning "to sweat a lot";

Vestir-se para ocasião – dress up for the occasion;

Vinho do Porto – Port wine;

Perguntas

1. Porque queria Carlos ir de fato jantar a casa dos pais da namorada?
2. O que aconteceu por estar de fato?
3. Que solução propôs Joana?
4. Depois de jantar, o que foram todos beber? E onde?
5. O que disseram os pais de Joana quando Carlos lhes pediu a mão da filha?

Escolha Múltipla

1. Carlos disse que queria ir bem vestido porque…?
   a) Ia pedir Joana em casamento;
   b) Se vestia assim todos os dias;
   c) Era a primeira vez que ia conhecer os pais de Joana;
   d) Porque queria os pais de Joana gostassem dele.
2. Quando chegaram à casa dos pais de Joana, parecia que tinham atirado cima de Carlos um…?
   a) Saco de terra;
   b) Balde de areia;
   c) Saco de água;
   d) Balde de água.
3. O que comprou Carlos na loja?
   a) Outro fato;
   b) Uma camisa e uns calções;
   c) Uma t-shirt e uns calções;
   d) Uma t-shirt e umas calças.
4. Joana disse que o jantar era…?
   a) Formal;
   b) De gala;
   c) Casual;
   d) Elegante.
5. Porque ficou ansioso Carlos depois de fazer a pergunta?
   a) Joana disse que não;

b) Joana não respondeu logo que sim;

c) Joana começou a chorar;

d) Porque se arrependeu.

Questions

1. Why did Carlos want to wear a suit to dinner at Joana's parents' house?

2. What happened because he was wearing a suit?

3. What solution did Joana suggest?

4. After dinner, what did they all drink? And where?

5. What did Joana's parents say when Carlos asked for their daughter's hand?

Multiple Choice

1. Carlos said he wanted to dress up because…?
   a) He was going to propose;
   b) He dressed like that every day;
   c) It was the first time he was going to meet Joana's parents;
   d) Because he wanted Joana's parents to like him.

2. When they got to Joana's parents' house, it seemed like somebody just threw on Carlos a…?
   a) Bag of dirt;
   b) Bucket of sand;
   c) Bag of water;
   d) Bucket of water.

3. What did Carlos buy at the store?
   a) Another suit;
   b) A shirt and shorts;
   c) A T-shirt and shorts;
   d) A T-shirt and pants.

4. Joana said that the dinner was…?
   a) Formal;
   b) A gala;
   c) Casual;
   d) Elegant.

5. Why was Carlos still anxious after popping the question?
   a) Because Joana said no;
   b) Because Joana didn't answer immediately;
   c) Because Joana started crying;
   d) Because he regretted it.

Respostas

1. Porque ia pedir a namorada em casamento.
2. Começou a suar muito, porque estava muito calor.
3. Propôs que fossem comprar roupa mais leve e fresca ao centro.
4. Foram beber café e um copo de vinho do Porto, no jardim.
5. Nada. Apenas acenaram com a cabeça, porque estavam emocionados.

Escolha Múltipla

1. d)
2. d)
3. c)
4. c)
5. b)

Answers

1. Because he was going to ask his girlfriend to marry him.
2. He started sweating a lot.
3. She suggested that they went to the town's center to buy lighter clothing.
4. Coffee and a glass of Port wine in the garden.
5. Nothing. They just nodded because they were very emotional.

Multiple Choice

1. d)
2. d)
3. c)
4. c)

5. b)

Chapter 7 – Querido Avô

Querido, avô,

Dear, Grandpa,

Há muito tempo que ando a pensar responder-te, mas ainda não tinha arranjado tempo para o fazer. Sei que esta é uma **desculpa** má, mas pelo menos serve de **justificação**. O **trabalho** deixa-me sem tempo para nada, e o bebé chora toda a noite. Não tem sido nada fácil e estou sempre cansada, mas estou a adorar esta nova fase da minha vida.

Não sei se sabes, mas para **além** de eu ser sócia na minha firma de advogados, o David também foi feito sócio recentemente—há cerca de 2 meses. É **incrível**, **claro**, e ele está contentíssimo, mas deixa-nos ainda menos tempo para lidar com o pequeno Daniel. De qualquer forma, o David tem sido **incansável**, e ajuda-me bastante. Como tu disseste a primeira vez o viste—ele vai ser um marido incrível. E é mesmo. O engraçado é que ele diz que o Daniel vai ser como avô, **maluco** pelo futebol porque está sempre a dar **pontapés**. Eu acho que não; para mim, vai ser mais como a avó, **rabugento**, porque está sempre a resmungar e a chorar por alguma coisa!

I've been thinking about writing you back for a long time, but I haven't had the time to do it. I know this is a bad excuse, but at least it's an explanation. The job leaves me with no time for anything, and the baby cries all night. It hasn't been easy and I'm always tired, but I'm loving this new moment of my life.

I don't know if you know, but besides me being a partner in my law firm, David was also made a partner recently—about two months ago. It's amazing, of course, and he's very happy, but it leaves us with even less time to deal with little Daniel. Anyway, David has been tireless, and he helps me a lot. Like you said the first time you saw him—he's going to be an amazing husband. And he really is. Funny thing is he says Daniel's going to be like Grandpa, a crazy soccer fan because he is always kicking. I don't agree; for me, he is going to be more like Grandma, grumpy, because he is always mumbling and crying for something!

Mas agora mais a série, estamos muito felizes com este momento das nossas vidas.

Escrevo-te também para te contar o que me aconteceu noutro dia. Estava no supermercado a comprar alguns vegetais e fruta, mas como já era o final do dia, já não se conseguia encontrar nada de **jeito**. Encontrei uma curgete bem pequenina, as beringelas estavam todas comidas por bichos, e não encontrei nem um pepino. Quanto à fruta ainda pior. Havia muitas peças de frutas—mas estavam todas

podres. Via **nitidamente** os buracos na **superfície**. Foi então que ao me **deparar** com isto, disse em voz alta, "Isto está cheio de minhocas!" Não tinha **reparado**, mas estava uma senhora velhota ao meu lado. Ela riu-se quando eu disse isto, e depois disse-me, "Sabe o que é pior que dar uma **trinca** numa fruta e ver uma minhoca lá dentro?" E eu disse que não sabia, mas aquela pergunta não me era nada estranha. E ela continuou: "Dar uma trinca numa fruta, e ver **metade** de uma minhoca lá dentro!" E finalmente lembrei-me: era a avó Nena que dizia isto! Quase que comecei a chorar no meio do supermercado, com aquela **memória inesperada**. Foi uma pequena história que fez lembrar a avó e que me **aqueceu** o coração. Tenho tantas **saudades** dela! **Enfim**…Espero que esteja tudo bem aí pelo Norte e que o Pai te esteja a tratar bem—não o deixes pôr muito sal na comida!

But now, in all seriousness, we are very happy with this moment of our lives.

I'm also writing to tell you what happened to me the other day. I was at the grocery store buying some vegetables and fruit, but since it was the end of the day, there was no way to find anything good and fresh. I found a very tiny zucchini, the eggplants were all eaten by bugs, and I couldn't find one cucumber. As for the fruit, even worse. There were many pieces of fruit—but they were all rotten. I clearly saw the holes on the surface. It was when I came across this that I said aloud, "This is full of worms!" I hadn't noticed, but there was an old lady next to me. She laughed when I said it, and then she said to me, "You know what's worse than taking a bite out of a fruit and seeing a worm inside?" And I said I didn't know, but that question seemed familiar. And she went on, "Take a bite out of a fruit, and see half a worm in there!" And finally, I remembered: it was Grandma Nena who said that! I almost started crying in the middle of the supermarket with that unexpected memory. It was a little story that reminded me of Grandma and warmed my heart. I miss her so much!

Anyway... I hope everything is well over there in the North, and that Dad is taking care of you—don't let him put a lot of salt in the food!

Eu e o David gostávamos que nos viesses visitar **um dia destes**. Nós vamos-te buscar, ficas cá uns dias, e depois levamos-te de volta—é só dizeres quando podes.

Espero ouvir de ti em **breve**! E, avô... **gosto muito de ti**!

David and I would really like that you visit us sometime. We will pick you up, you stay here for a few days, and then we'll take you back—you just have to tell us when you can do that.

Hoping to hear from you soon! And, Grandpa... I love you very much!

Com muito amor,

Much love,

A tua neta, Lurdes

Your granddaughter, Lurdes

Sumário

Uma neta escreve uma carta ao seu avô para lhe contar como vai a sua vida. Lurdes trabalha numa firma de advogados, tal como o seu marido, e tiveram um bebé recentemente. O trabalho que estão a ter na firma mais as noites sem dormir por causa do seu filho Daniel, estão a deixá-los aos dois muito cansados. Apesar disso, estão os dois muito contentes com esta nova fase da vida deles. Ainda assim, e apesar da felicidade que vive, há um momento banal que deixa Lurdes um pouco nostálgica…

Summary

A granddaughter writes a letter to her grandfather to tell him how her life is going. Lurdes works at a law firm, just like her husband, and they had a baby recently. The work they're having at the firm plus the sleepless nights because of their son Daniel is leaving them both very tired. Nevertheless, they are both very happy with this new moment in their lives. Still, and despite the happiness she is living, there is a casual moment that leaves Lurdes somewhat nostalgic...

Vocabulary List

Além – when "disso" goes after it means "besides", but without it means "over there";

Aqueceu – warmed;

Breve – brief. "Em breve" means soon.

Claro – clear (as water), but it can also mean "obviously";

Deparar – came across, run into;

Desculpa – excuse, but it can also mean "I'm sorry";

Enfim – anyway, whatever;

Gosto muito de ti – literally: "I like you a lot" but it means "I love you a lot". "I love you" – "eu amo-te", is more commonly used in a romantic relationship;

Incansável – tireless, relentless;

Incrível – incredible, amazing;

Inesperada – unexpected;

Jeito – style, way, manner, but also "being good at something" – "ter jeito para algo";

Justificação – justification, explanation;

Maluco – crazy, mad, lunatic;

Memória – memory;

Metade – half;

Nitidamente – distinctly, clearly;

Podres – bad, rotten;

Pontapés – kicks;

Rabugenta – cranky, grumpy, moody;

Reparado – noticed, but also "fixed", "repaired";

Saudades – no word in English corresponds to this one, but it means "to miss someone or something";

Superfície – surface;

Trabalho – work, job:

Trinca – bite;

Um dia destes – literally: "one of these days", meaning "soon".

Perguntas

1. Porque é a neta demorou tanto para responder ao avô?
2. Qual é a profissão dela e do marido?
3. Quem é o Daniel?
4. Uma senhora falou com a Lurdes no supermercado. A conversa fê-la lembrar quem?
5. O que propõe a Lurdes ao avô?

Escolha Múltipla

1. David acha que o filho Daniel vai ser jogador de futebol. Porquê?
   a) Porque está sempre a brincar com uma bola;
   b) Porque está sempre a dar pontapés;
   c) Porque está sempre a fazer fitas;
   d) Porque gosta muito de futebol.
2. O que foi Lurdes comprar ao supermercado?
   a) Doces;
   b) Vegetais e fruta;
   c) Batatas fritas;
   d) Arroz e massa.
3. De que vegetal não havia nem sequer uma peça?
   a) Pepino;
   b) Abóbora;
   c) Beringela;
   d) Curgete.
4. O que tinham as frutas por dentro?
   a) Minhocas;
   b) Bichos;
   c) Moscas;
   d) Mosquitos da fruta.
5. Lurdes espera que o pai esteja a tratar bem o avô. O que é que ela diz ao avô que não pode deixar o pai fazer?
   a) Comer fritos;

b) Trabalhar muito;

c) Pôr demasiado sal na comida;

d) Dormir pouco.

Questions

1. Why did the granddaughter take so long to answer back?
2. What is both her and her husband's profession?
3. Who is Daniel?
4. A lady talked to Lurdes in the supermarket. Her conversation reminded her of whom?
5. What does Lurdes propose to her grandfather?

Multiple Choice

1. David thinks his son Daniel will be a soccer player. Why?
   a) Because he is always playing with a ball;
   b) Because he is always kicking;
   c) Because he is always making tantrums;
   d) Because he likes soccer a lot.

2. Lurdes went to the supermarket to buy what?
   a) Candy;
   b) Vegetables and fruit;
   c) Chips;
   d) Rice and pasta.

3. Of which vegetable wasn't a piece left?
   a) Cucumber;
   b) Pumpkin;
   c) Eggplant;
   d) Zucchini.

4. What was inside the fruit?
   a) Worms;
   b) Bugs;
   c) Flies;
   d) Fruit flies.

5. Lurdes hopes her dad is taking good care of her grandfather. What does she tell her grandfather that he mustn't let his son do?

   a) Eat fried food;
   b) Work a lot;
   c) Put a lot of salt in the food;
   d) Sleep very little.

Respostas

1. Porque estava muito ocupada.
2. São advogados.
3. O Daniel é o filho dela, bebé recém-nascido.
4. Fê-la lembrar da avó.
5. Que o avô venha passar uns dias à casa de Lurdes e David.

Escolha Múltipla

1. b)
2. b)
3. a)
4. a)
5. c)

Answers

1. Because she was really busy.
2. They are lawyers.
3. Daniel is her newborn baby.
4. It reminded her of her grandmother.
5. That he comes to visit for a few days.

Multiple Choice

1. b)
2. b)
3. a)
4. a)
5. c)

Chapter 8 – O Clube Real dos Saltadores

Beatriz e Leonor são duas rãs que vão iniciar uma longa viagem para ir conhecer o Rei Sapo. Nunca o tinham **conhecido** ou visto antes já que ele vivia numa terra muito longe, mais ou menos a 1,500 saltos de distância.

Beatriz and Leonor are two toads that will start a long journey to meet the Frog King. They had never seen or meet him before since he lived in a faraway land, more or less 1,500 hops away.

– **Bom dia alegria**! – disse Beatriz, assim que saltou da cama.

– Bom dia, Beatriz! Acordaste muito bem-disposta hoje! – disse-lhe Leonor.

– Claro! É o dia em que começamos a nossa viagem! – respondeu Beatriz.

– Good morning joy! – said Beatriz, as she jumped out of bed.

– Good morning, Beatriz! You're in a very good mood today! – said Leonor.

– Of course! Today is the day we start our trip! – answered Beatriz.

Então, depois do pequeno-almoço, puseram a mochila às costas, e começaram a saltar para a terra do Rei. Ao chegar perto da hora de almoço, decidiram entrar numa pequena **vila** para comerem bem num restaurante. Entraram no primeiro restaurante que encontraram porque estavam **cheias de fome.** Estava cheio de animais diferentes, como cavalos, mosquitos, cães e corujas. Enquanto estavam sentados à espera da comida que tinham pedido, uma pulga que estava na mesa ao lado da mesa delas, começou a falar. Disse:

So, after breakfast, with a backpack, they started hopping away towards the King's land. When it was almost lunchtime, they decided to go to a small village to eat well at a restaurant. They went in the first restaurant they could find because they were starving. It was full of different animals, such as horses, mosquitoes, dogs, and owls. While they were waiting for the food they had ordered, a flea that was on the table beside their table, started talking to them. It said:

– Vocês não são daqui, pois não?

– Não, somos de outra terra, não muito longe daqui – uns meros 200 saltos de distância. – respondeu Leonor.

– Bem me parecia. Almoço aqui todos os dias, e não vos **reconhecia**. E eu conheço quase toda a gente. – acrescentou a pulga.
– E para onde se dirigem, se não se importam de partilhar?

– Vamos para a terra do Rei! – disse prontamente Beatriz. – Vamos vê-lo pela primeira vez.

– Não me digam! Também eu vou para lá depois de almoço. Não acredito que vão também participar no concurso das boas acções! – disse com entusiasmo a pulga.

– You're not from around here, are you?

– No, we're from another land, not very far away from here – a mere 200 hops away. – answered Leonor.

– I thought so. I have lunch here every day, and I didn't recognize you guys. And I know almost everybody. – added the flea. – And where are you headed to, if you don't mind sharing?

– We're headed to the King's land! – said Beatriz immediately. – We are going to see him for the first time.

– Shut up! I'm also headed there after lunch. I can't believe you will also participate in the good deeds contest! – said the flea enthusiastically.

As rãs não faziam a **mínima ideia** do que estava a falar a pulga. Beatriz perguntou então de que concurso de tratava, e a pulga simplesmente **apontou**, com o dedo indicador, para um cartaz colado na **janela** perto deles. Dizia: "O Rei Sapo anuncia a abertura do concurso anual de boas acções. O animal que fizer a melhor acção até domingo, será membro da **Clube Real** dos Saltadores, com direito a todos os privilégios associados."

The toads had no idea what the flea was talking about. Beatriz then asked what contest it was, and the flea simply pointed, with its index finger, to a poster that was up in a window nearby. It said: "The Frog King announces the opening of the annual contest of good deeds. Whichever animal does the best deed until Sunday will be made a member of the Royal Club of Jumpers, with granted right to all of its associated privileges."

– Eu quero fazer **parte** do Clube Real de Saltadores! – disse Leonor.

– Assim vou poder passar a nadar no lago do **palácio**.

– Eu também quero ser! Assim poderei apanhar sol na **varanda** do palácio. – acrescentou a Beatriz.

– I want to be a part of the Royal Club of Jumpers! – said Leonor. – Then I'll be allowed to swim in the palace's pond.

– Me too! Then I could take sunbaths in the palace's balcony. – added Beatriz.

Os três decidiram então começar a sua viagem. Ainda ia demorar um pouco para lá chegar, e queriam chegar lá antes da hora de jantar. A meio da tarde, chegaram a outra terra que não era muito longe da terra do Rei. Na verdade, a terra do Rei era logo a seguir ao rio. Enquanto tentavam encontrar alguém para pedir direcções para a ponte, conheceram uma cabra velha com uma longa barba branca. Perguntaram-lhe onde era a ponte, mas a cabra surpreendeu-os:

The three then decided to start their journey. It would still take a while to get there, and they wanted to arrive before dinnertime. In the middle of the afternoon, they reached another village that wasn't that far away from the King's land. Actually, the King's land was just past the village's river. While trying to find anyone to ask for directions to the bridge, they met an old goat with a long white beard. They asked him where the bridge was, but the goat surprised them:

– Vocês não vão conseguir atravessar a ponte… - disse a velha cabra.

– Porquê? – perguntou logo a pulga.

– Porque a ponte foi destruída pelas chuvas **fortes** o último Inverno e ainda ninguém a **reconstruiu**. – explicou a cabra.

– Então como fazemos agora para ir para a terra do Rei? – perguntou preocupada Beatriz.

– Têm que ir dar a volta. São mais 20.000 saltos de viagem. Podem ficar cá durante a noite, se quiserem. – acrescentou a cabra.

– You won't be able to cross the bridge… – said the old goat.

– Why not? – asked the flea immediately.

– Because the bridge has been destroyed by the heavy rains last winter and nobody has yet reconstructed it. – explained the goat.

– Then how will we get to the King's land? – asked Beatriz, worried.

– You will have to go around. It is more than 20,000 hops. You can stay here for the night, if you want. – added the goat.

– Oh não! De certeza que iríamos **perder** a oportunidade de estar no concurso… E se nadássemos para atravessar o rio? – propôs Beatriz.

– Eu acho que devíamos ficar aqui e ajudar os animais desta terra. Temos que reconstruir a ponte por eles. – disse Leonor.

– Sim, eu concordo… É tão **injusto** para eles. – disse Beatriz.

–Bem, vocês podem fazer o que quiserem, mas eu vou nadar até ao outro lado. Não vou perder a chance de estar no Clube Real! – respondeu a pulga, de forma **rude**.

– Oh no! We would for sure miss the chance to be in the contest… What if we just swim across? – proposed Beatriz.

– I think we must stay here and help the animals from this land. We must rebuild the bridge for them. – said Leonor.

– Yes, I agree… It is so unfair for them. – said Beatriz.

– Well, you can do what you like, but I'm swimming across. I won't miss the chance to be in the Royal Club! – replied the flea, rudely.

E depois a pulga foi-se embora. Saltou para as costas de um crocodilo e atravessou o rio. As duas rãs, Leonor e Beatriz, estavam um pouco tristes já que tinham feito este caminho todo para nada. Mas o sentimento de que estavam a fazer a coisa certa fê-las sentir melhor. Decidiram que iriam ficar lá durante a noite, e começar a trabalhar na ponte na manhã seguinte.

And then the flea left. It jumped to the back of a crocodile and crossed the river. The two toads, Leonor and Beatriz, were a bit sad since they came all this way for nothing. But the feeling that they were doing the right thing made them feel better. They decided they would stay there during the night, and start working on the bridge the next morning.

Na manhã seguinte, Beatriz e Leonor começaram a trabalhar. Demoraram o dia todo a arranjar a ponte. Enquanto o estavam a fazer, não conseguiam não pensar no que a pulga estaria a fazer naquele momento, e onde estaria. No palácio, talvez?

The next morning Beatriz and Leonor got to work. It took them the whole day to fix the broken bridge. While they were doing it, they couldn't help but think of what the flea was doing at that moment, and where would it be. The palace, perhaps?

Quando a ponte estava terminada, na manhã seguinte a terem começado a **arranjá-la**, todos os animais da cidade puderam **atravessar** em segurança o rio. Era meio da tarde quando Beatriz e Leonor finalmente chegar à terra do Rei. Dirigiram-se à praça da vila para ver quem tinha sido o vencedor do concurso já que era domingo. Quando lá chegaram, viram o Rei na varanda. Que vista incrível! Ele começou então a falar para o **resto** dos animais:

When the bridge was finished, the morning after they started fixing it, all the animals in that village were able to safely cross the river. It was the middle of the afternoon when Beatriz and Leonor finally reached the King's land. They headed to the town's square to see who the winner of the contest was since it was Sunday. When they got there, they saw the King on the balcony. What an incredible sight! He then started talking to the rest of the animals:

– Como anunciado, hoje seria o último dia para participar no concurso das boas acções. Houve muitas boas acções ao longo desta semana, e até tínhamos já um vencedor escolhido, antes de eventos recentes terem chegado às minhas **ouvidos** – disse o Rei, a sorrir. Depois, continuou – Podem os animais da terra do outro lado do rio apontar para os bons animais que preferiram fazer uma boa acção, do que deixar os outros sozinhos, em busca de sonhos de **glória** e luxo, por favor?

– As announced, today would be the last day to participate in the contest of good deeds. There were a lot of good deeds throughout the last week, and we even had a winner, before recent events came to my attention. – said the King, smiling. He then continued – Can the animals from the village across the river point to the good animals that preferred doing a good deed than leaving others alone by going after dreams of glory and luxury, please?

E assim que o Rei Sapo disse isto, todos os animais apontaram para Beatriz e Leonor. O Rei concluiu:

And as the Frog King said this, every animal pointed to Beatriz and Leonor. The King then concluded:

– **Parabéns,** Beatriz e Leonor, pela vossa incrível boa acção. A partir de agora, vocês são ambas membros do Clube Real de Saltadores.

– Congratulations, Beatriz and Leonor, for your incredibly good deed. From now on, you both are members of the Royal Club of Jumpers!

Sumário

Um par de rãs dirigia-se para a terra do Rei para conhecer o Rei Sapo pela primeira vez. Durante o caminho, pararam numa terra para almoçar. Lá, elas conheceram uma pulga que também se encaminhava para a terra do Rei para participar num concurso. As rãs não sabiam nada sobre o concurso, mas quando souberam sobre o que era e qual era a recompensa por ganhar, ficar logo muito interessadas. Os três decidiram então fazer o resto da viagem juntos. Mais tarde, chegaram a uma vila perto da terra do Rei. Mas havia um problema que os impediu de chegar ao seu destino final. No entanto, o que parecia um obstáculo nas suas vidas, acabou por se tornar precisamente naquilo que precisavam…

Summary

A couple of frogs was headed to the King's land to meet the Frog King for the first time. Along the way, they stopped in a village for lunch. There, they met a flea that was headed towards the King's land as well to participate in a contest. The frogs didn't know anything about this contest, but once they knew what it was about and what the reward for winning was, they were very interested. The three decided to make the rest of the trip together. Later that day, they reached a village near the King's land. But there was a problem that prevented them from reaching their final destination. However, what seemed an obstacle in their life, actually proved to be the exact thing they needed…

Vocabulary List

Apontou – pointed, pointed out;

Arranjá-la – fixing it, mending it;

Atravessar – pass through, cross;

Bom dia alegria – literally: "good morning joy", it is common phrase to say in the morning because it rhymes;

Cheios de fome – literally: "full of hunger", it means "starving";

Clube real – royal club. "Real" can also mean "real", depending on the context;

Conhecido – met, but also "known";

Fortes – strong, but it can be used to nicely describe someone who is fat;

Glória – glory;

Injusto – unfair;

Janela – window;

Mínima ideia – no clue, no idea, but literally, "minimal idea";

Ouvidos – ears;

Palácio – palace;

Parabéns – congratulations, but it is also used to wish a happy birthday;

Parte – a bit of something, being part of something, breaking something, from the verb "partir", which can also mean "to leave", as well as "to break";

Perder – to lose;

Reconhecia – recognized;

Reconstruiu – rebuilt, reconstructed;

Resto – (the) rest, remains, leftovers;

Rude – rude, unkind;

Varanda – balcony;

Vila – village.

Perguntas

1. Porque iniciam a viagem Beatriz e Leonor?
2. Porque se junta a elas uma pulga?
3. Qual era o prémio por ganhar o concurso?
4. Que decidiram fazer as rãs quando souberam que a ponte estava destruída?
5. Porque ganharam as rãs o concurso?

Escolha Múltipla

1. A que distância ficava a terra do Rei de onde viviam as rãs?
   a) 3,000 saltos de distância;
   b) 2,000 saltos de distância;
   c) 1,500 saltos de distância;
   d) 2,500 saltos de distância.
2. Porque entraram Beatriz e Leonor na pequena vila?
   a) Porque se perderam;
   b) Porque era a terra do rei;
   c) Porque estavam esfomeadas e queriam comer;
   d) Porque iam encontrar-se com a pulga.
3. Porque queria Leonor ganhar o concurso?
   a) Porque queria apanhar sol na varanda;
   b) Porque queria a fama e a glória;
   c) Porque queria conhecer o Rei Sapo;
   d) Porque queria nadar no lago do palácio.
4. Porque queria Beatriz ganhar o concurso?
   a) Porque queria apanhar sol na varanda;
   b) Porque queria a fama e a glória;
   c) Porque queria conhecer o Rei Sapo;
   d) Porque queria nadar no lago do palácio.

5. A pulga atravessou o rio para ir para a terra do Rei. Como?
   a) A nadar;
   b) Às costas de um crocodilo;
   c) A saltar;
   d) Pela ponte.

Questions

1. Why are Beatriz and Leonor going on a trip?
2. Why does a flea join them?
3. What was the prize for winning the contest?
4. What did the toads decide to do once they heard about the destroyed bridge?
5. Why did the toads win the contest?

Multiple Choice

1. How far away was the King's land from where the toads lived?
   a) 3,000 hops away;
   b) 2,000 hops away;
   c) 1,500 hops away;
   d) 2,500 hops away.

2. Why did Beatriz and Leonor go in that small village?
   a) Because they were lost;
   b) Because it was the King's land;
   c) Because they were starving, and they wanted to eat;
   d) Because they were meeting the flea there.
3. Why did Leonor want to win the contest?
   a) Because she wanted to take sunbaths in the palace's balcony;
   b) Because she wanted the fame and glory;
   c) Because she wanted to meet the Frog King;
   d) Because she wanted to swim in the palace's pond.
4. Why did Beatriz want to win the contest?

a) Because she wanted to take sunbaths in the palace's balcony;
b) Because she wanted the fame and glory;
c) Because she wanted to meet the Frog King;
d) Because she wanted to swim in the palace's pond.
5. The flea crossed the river to go to the King's land. How?
    a) Swimming;
    b) On the back of a crocodile;
    c) Jumping;
    d) By the bridge.

Respostas

1. Porque querem ir ver o Rei Sapo.
2. Porque ia participar num concurso na terra do Rei.
3. O vencedor passa a ser membro do Clube Real de Saltadores.
4. Elas decidiram ficar lá e arranjar a ponte
5. Porque foram elas a fazer a melhor acção.

Escolha Múltipla

1. c)
2. c)
3. d)
4. a)
5. b)

Answers

1. Because they want to go see the Frog King.
2. Because it is going to the King's land to participate in a contest.
3. The winner becomes a member of the Royal Club of Jumpers.
4. They decided to stay there and mend the bridge.
5. Because they were the ones with the best deed.

Multiple Choice

1. c)
2. c)
3. d)
4. a)
5. b)

Chapter 9 – Quando a Saudade Aperta...

O grupo de amigos, Diogo, Miguel, António, e Tiago, estão na Bélgica na primeira semana do **mês** de Dezembro. Os amigos estão a fazer um InterRail pela Europa, e passam uma **semana** em cada país. Estavam muito contentes por estar em Bruges—já que era a cidade que os tinha levado a fazer o InterRail em primeiro lugar. Foi lá que Tiago conheceu o seu primeiro amor, e tinha sido ele também a convencer todos os outros a visitarem a cidade. Depois, acabaram por descobrir que havia um interrail que passava por lá, e rapidamente se decidiram começar essa grande aventura.

The group of friends, Diogo, Miguel, António, and Tiago, are in Belgium in the first week of December. The friends are doing an InterRail across Europe, spending one week in every country. They were very happy to be in Bruges—since it was the city that had led them to do the InterRail in the first place. It was there that Tiago met his first love, and he was also the one that had persuaded everyone else to visit the city. Afterward, they discovered that there was an InterRail that passed by the city, and immediately decided to start that great adventure.

No entanto, já há alguns meses que estavam fora de casa. Tinham iniciado a sua viagem em Janeiro, há quase um ano, e o **ambiente** de

Natal nas ruas de Bruges fê-los lembrar da bonita Avenida da Liberdade em Lisboa, decorada com **luzes** de Natal, das suas casas, e das suas famílias. Miguel, algo **comovido**, deixou escapar um **suspiro**.

However, they had been away from home for a few months now. They had started their trip in January, almost a year before, and the Christmas spirit in the streets of Bruges reminded them of the beautiful Liberdade's Avenue in Lisbon, decorated with Christmas lights, their homes, and their families. Miguel, somewhat moved, sighed.

– António, não contes a ninguém, mas estou com muitas saudades de casa... principalmente da minha mãe!

– Eu sei eu percebo. Foi hoje o dia em que ela...? – perguntou António.

– Não, mas era hoje o **aniversário** dela. É impossível não ficar um bocadinho triste a pensar nisso. Além disso, custa-me estar aqui a divertir-me, enquanto o meu irmão e o meu pai estão em casa a pensar nisto, sozinhos.

– Claro, é normal que te sintas assim, mas eles de certeza que estão bem e que acham bem tu estares aqui. Eu também tenho muitas saudades da minha irmã. Sei que não é a mesma coisa, mas... – respondeu António.

– Que se passa malta? Vá, venham para aqui! Desafio-vos a entrar no **canal**! Está **gelado**! E todos nus! – disse Tiago.

– Vamos Miguel, vai fazer-nos bem distrair-nos um bocadinho. E assim que entrarmos naquela água gelada, de certeza que não nos vamos conseguir lembrar de mais nada! – disse António.

– António, don't tell anyone, but I really miss home... especially my mother!

– I know, I understand. Was today the day she...? – asked António.

– No, but it was her birthday today. It's impossible not to get a little sad thinking about it. Besides, it upsets me that I'm here having fun, while my brother and father are at home thinking about it, by themselves.

– Sure, it's only natural that you feel that way, but for sure they are okay and think it's fine that you're here. I miss my sister a lot too. I know it's not the same thing, but... – replied António.

– What's up, guys? Come on, get over here! I dare you to dive into the canal! It's freezing! And fully naked! – said Tiago.

– Come on, Miguel, it's going to be good for us to distract ourselves a little bit. And once we get into that icy water, I'm sure we won't be able to think of anything else! – said António.

Miguel e António juntaram-se então ao resto do grupo, que já se despia para entrar no canal. Apenas Diogo não ia entrar. Além de estar absolutamente a congelar, tinha medo de que alguém os apanhasse. O canal onde os amigos queriam nadar era público, obviamente, mas ele duvidava que o que estavam a fazer era legal. Tiago garantiu que era porque o seu tio era polícia e ele sabia essas coisas, portanto Diogo acalmou-se um bocadinho.

Miguel and António then joined the rest of the group, who were already getting out of their clothes so they could enter the canal. Diogo was the only one that wasn't going in. Besides the water being absolutely freezing, he was afraid that someone would catch them doing it. The canal in which the friends wanted to swim was obviously public, but he doubted that what they were doing was legal. Tiago assured him that it was because his uncle was a policeman and he knew these things, so Diogo relaxed a bit.

– Cuidado, Tiago! Não entres de uma vez que ainda te pára o coração ou assim! – avisou Diogo.

– Ai Diogo, deixas de ser medricas! Pareces um bebé! Vá, entra lá também! – E Tiago saltou para a água. – A água está óptima! – disse Tiago, a tremer.

– Deve estar deve! Sabes que estás **roxo** certo? – insistiu Diogo.

– A água está gelada! Entrar devagar é um sofrimento! – disse Miguel.

– Salta para dentro de uma vez; é mais fácil! – ajudou Tiago.

– Não faças isso! António, tu não és maluco para entrar, pois não? – disse Diogo.

– Bem, queria só poder dizer que o fiz! – respondeu-lhe António.

– Bem, se não entras, pelo menos vê se há polícia a vir. – disse Tiago.

– Polícia? Mas não disseste que era tudo legal? – respondeu assustado Diogo.

– Disse? Ah, bem, mas não é; menti! – E Tiago começou a rir-se.

– Be careful, Tiago! Don't go in at once or else your heart might stop or something! – warned Diogo.

– Diogo, stop being a chicken! You're like a baby! Come on, get in too! – And Tiago jumped into the water. – The water is fine! – said Tiago, shaking.

– It sure should be! You know you're purple, right? – insisted Diogo.

– The water is freezing! Walking in slowly is really painful! – said Miguel.

– Just go in at once; it's easier! – helped Tiago.

– Don't do that! António, you're not crazy to go in, are you? – said Diogo.

– Well, I just want to say I did it! – António replied.

– Well, if you're not coming in, at least check for any cops that might be heading this way. – said Tiago.

– Cops? But didn't you say that it was legal? – replied Diogo, frightened.

– Did I say that? Oh, well, but it's not; I lied! – And Tiago began to laugh.

O resto do grupo juntou-se a Tiago a rir-se da cara de medo de Diogo. Muito provavelmente era mesmo ilegal o que eles estavam a fazer, mas se a polícia os visse, de certeza que não ia acontecer nada de muito grave. Ainda assim, os amigos, principalmente Tiago, gostavam de se meter com Diogo, que de todos era o que acreditava sempre nas suas **mentiras**. E assim, no meio de gargalhadas e brincadeiras, António e Miguel foram-se mesmo esquecendo das saudades que tinham de casa e da família.

The rest of the group started laughing as well, just from looking at Diogo's frightened face. It was very likely that what they were doing was illegal, but if the police saw them, it would certainly not be a serious offense. Still, the friends, especially Tiago, liked to tease Diogo, who was the one who always believed their lies. And so, amidst the laughter and playing around, António and Miguel were slowly forgetting about how much they missed home and their family.

Depois de vários pedidos desesperados de Diogo, o grupo foi saindo da água e secando-se com toalhas. Na verdade, mesmo que Diogo não estivesse a insistir com eles para saírem, não iriam aguentar muito mais—já que aquela água estava mesmo gelada. Mesmo a água das praias mais frias de Portugal não se assemelhava àquela temperatura. Entretanto, a fome começou a chateá-los. Decidiram ir então ir comer.

After Diogo's countless and desperate requests, the group came out of the water and dried up with towels. In truth, even if Diogo didn't insist on them leaving, they wouldn't be able to stand it for much longer—since that water was really freezing. Even the water from the coldest beaches of Portugal did not even get close to that temperature. Meanwhile, hunger began annoying them. They decided to go find somewhere to eat.

Pelas ruas de Bruges, enfeitadas com lindíssimas decorações de Natal, os amigos andavam à procura do bar ideal para passarem a tarde—para beberem uns copos e comerem uns petiscos. Era Tiago que mostrava o caminho—já que era o único a conhecer aquelas ruas. Embora não tivesse dito ao resto do grupo, estava a dirigir-se exactamente para o café onde tinha conhecido a sua primeira namorada, uns anos antes, quando foi a Bruges numas férias de Natal com os pais.

Through the streets of Bruges, adorned with beautiful Christmas decorations, the friends were looking for the ideal bar to spend the afternoon—to have a few drinks and eat some snacks. It was Tiago who showed the way—since he was the only one to know those streets. Although he hadn't told a thing to the rest of the group, he was heading to the cafe where he had met his first girlfriend, a few years earlier, when he went to Bruges on a Christmas vacation with his parents.

Quando chegaram ao café que Tiago disse ser o melhor de Bruges para os convencer a escolher aquele, decidiram comer lá dentro já que fora estava muito frio. No entanto, e como estava um dia de sol, a **esplanada** estava cheia de pessoas. Estavam esfomeados, por isso chamaram logo o empregado de mesa. Cada um pediu um bife, mal passado, com batatas fritas, arroz, e um ovo estrelado. Para beber, pediram água e cerveja.

When they arrived at the cafe that Tiago said was the best in Bruges, to convince them to choose that one, they decided to eat inside since it was very cold outside. However, and as it was a sunny day, the space outside was full of people. They were starving, so they called the waiter immediately. Each ordered a steak, rare, with fries, rice, and a sunny side up egg. To drink, they asked for water and beer.

Enquanto esperavam pela comida, o grupo de amigos cedeu todo à nostalgia. Afinal, não era só António e Miguel que estavam com saudades de casa e da família. Diogo começou por dizer que estava a adorar estar com eles, e queria continuar, mas que já sentia falta dos avós, que era com quem ele vivia. Tiago dizia sempre que achava que era por isso que Diogo era tão mimado.

While they were waiting for the food, the group of friends gave in to nostalgia. After all, it wasn't just António and Miguel who missed their home and their family. Diogo started by saying that he was loving being with them, and wanted to keep at it, but that he missed his grandparents, which was who he lived with. Tiago would always say he thought that was why Diogo was so spoiled.

Tiago também não resistiu em falar dos seus sentimentos. Acabou por confessar que os tinha levado ali por causa do seu primeiro amor—Alice—, com esperança de que ela por algum motivo, estivesse no café quando eles lá fossem. Todos se riram mas entenderam.

Tiago couldn't resist talking about his feelings as well. He eventually confessed that he had taken them there because of his first love—Alice—, in hopes that she, for some reason, was in the cafe when they got there. They all laughed but understood.

– És um romântico profissional! – disse-lhe Diogo.

– Por falar em profissional, já és enfermeiro oficialmente ou não Diogo? – perguntou Miguel.

– Ainda não… Era suposto acabar este ano, mas falta-se uma cadeira…

– Bem, há quantos anos estás na faculdade, Diogo? Só os teus avós para aturar isso, realmente! – disse António.

– Aos mesmos anos que o aqui Sr. Arquitecto Tiago… – respondeu Diogo.

– Ou seja, há muitos! – brincou Miguel.

– Goza goza, oh Sr. Doutor, cheio de sucesso! O que eu devia ter sido era escritor, ou cantor, ou poeta, ou pintor, ou actor... Algo ligado à arte, onde eu pudesse expressar a minha veia romântica! – respondeu Tiago, com um sorriso.

– Pois, ias ter jeito! – disse António. – Eu gostava era de ter sido jogador de futebol!

– Não te preocupes; que és melhor fisioterapeuta que jogador de bola! – brincou Tiago, e todos se riram.

– You're a professional romantic! – said Diogo.

– Speaking of professional, are you a nurse officially or not, Diogo? – asked Miguel.

– Not yet... It was supposed to end this year, but I still have one class left...

– Well, for how many years have you been in college, Diogo? Only your grandparents to put up with it, really! – said António.

– The same amount years as Mr. Architect Tiago here... – replied Diogo.

– So, that means a lot of years! – joked Miguel.

– Laugh all you want, you successful Mr. Doctor! What I should have been was a writer, or singer, or poet, or painter, or actor...

Something that had to do with art, where I could express my romantic spirit! – replied Tiago, with a smile.

– Yes, you'd be good doing that! – said António. – I would have liked to be a football player!

– Don't fret about it; you're a better physiotherapist than football player! – joked Tiago, and everyone laughed.

Apesar de se estarem a divertir, Miguel tinha voltado a pensar na mãe. Estava a divertir-se, mas não conseguia **afastar** a tristeza. Entretanto, a comida veio, e os amigos quase não falavam. Nem repararam que na mesa ao lado estava uma família portuguesa, a falar muito alto. Uma menina dessa família tinha um chapéu de **aniversariante**. Dali a uns minutos, o empregado de mesa veio com o bolo de aniversário, e a família começou a cantar os parabéns:

Although they were having fun, Miguel had gone back to thinking about his mother. He was having fun, but he couldn't keep the sadness away. Meanwhile, the food came, and the friends hardly spoke. They didn't even notice that, on the next table, there was a Portuguese family, talking very loudly. A girl from this family had a birthday hat. In a few minutes, the waiter came with the birthday cake, and the family began to sing "Happy birthday":

"Parabéns a você, nesta data querida, muitas felicidades, muitos anos de vida. Hoje é dia de festa, cantam as nossas almas. Para a menina Marta, uma salva de palmas!"

"Happy birthday to you, happy birthday to you, happy birthday dear Marta, happy birthday to you!"[3]

Ao ouvir isto, Miguel começou a chorar—era o aniversário da sua mãe, e o nome dela era Marta. Uma senhora da família portuguesa da mesa ao lado reparou em Miguel emocionado, e por preocupação,

---

[3] The "Happy Birthday" song is different in both languages—the English version isn't a literal translation of the Portuguese one.

perguntou discretamente a António o que se passava com o amigo. Quando a senhora percebeu tudo, disse logo:

When he heard this, Miguel began to cry—it was his mother's birthday, and her name was Marta. A lady from the Portuguese family from the next table noticed the emotional Miguel, and concerned for him, asked António, discreetly, what was happening to his friend. When the lady realized everything, she said:

– Há sempre lugar para mais um… Ou para mais quatro! Juntem-se a nós caros amigos!

– There is always room for one more... Or four more! Join us, dear friends!

E deu um forte abraço ao Miguel. Aquele **calor** tão português, e tão maternal, deixou Miguel de coração quente.

And she gave Miguel a big hug. That tenderness, so Portuguese and so maternal, left Miguel with a warm heart.

Sumário

Um grupo de amigos que está a viajar pela Europa num interrail há vários meses chega Bruges na Bélgica. Os amigos, António, Miguel, Tiago e Diogo, começam a sentir falta de casa. Cada um sente também saudades dos seus entes queridos, mas divertem-se tanto que acabam por se distrair. Miguel, no entanto, está particularmente triste porque esse seria o dia de aniversário da sua mãe, que já tinha falecido. Enquanto estavam num café a comer e a conversar, algo inesperado mas banal aconteceu. É esse acontecimento que acaba por animar Miguel para o resto do dia.

Summary

A group of friends that are traveling across Europe in an interrail for several months arrives in Bruges in Belgium. The friends, António, Miguel, Tiago, and Diogo, start missing home. Each one also misses their loved ones, but they are having so much fun that they end up not thinking about it. Miguel, however, is particularly sad because that day would be his mother's birthday, and she had already passed away. While they were at a coffee shop eating and talking, something unexpected but ordinary happened. It was that event that ends up being what cheers Miguel up for the rest of the day.

Vocabulary List

Afastar – move away, remove, push away;

Ambiente – environment, climate;

Aniversariante – birthday boy/girl;

Aniversário – birthday;

Calor – heat, hot, but it in this context, it is used as meaning "warmth";

Canal – in the text used as canal, but it can also mean "channel", "conduit", "pipeline";

Comovido – moved, touched, emotional;

Esplanada – the outside tables at restaurants or bars;

Gelado – it means "ice cream" as a noun, "freezing" or "icy" as an adjective;

Luzes – lights;

Mentiras – lies;

Mês – month;

Natal – Christmas;

Roxo – purple;

Semana – week;

Suspiro – sigh, gasp.

Perguntas

1. O que está a fazer o grupo de amigos em Bruges?
2. Porque é que Miguel está triste?
3. Tiago convida-os para fazer qualquer coisa aventureira. O que é?
4. Porque os tinha levado Tiago àquele café em específico?
5. O que fez Miguel sentir-se melhor?

Escolha Múltipla

1. Em que altura do ano se passa a história?
   a) Primeira semana do mês de Dezembro;
   b) Primeira semana do mês de Janeiro;
   c) Segunda semana do mês de Dezembro;
   d) Primeira semana do mês de Novembro.

2. Quem, do grupo de amigos, não entra no canal?
   a) Tiago;
   b) António;
   c) Diogo;
   d) Miguel.

3. Porque estava roxo Tiago?
   a) Porque se pintou;
   b) Não estava—Diogo estava a mentir;
   c) Porque a água estava gelada;
   d) Porque tinha olheiras.

4. Que profissão Tiago acha que devia ter seguido?
   a) Polícia;
   b) Professor;
   c) Enfermeiro;
   d) Qualquer coisa ligada com a arte, para expressar os seus sentimentos e emoções.

5. Porque quase não falavam os amigos quando a comida veio?
   a) Porque se tinham chateado uns com os outros;
   b) Porque não lhes apetecia;
   c) Porque estava muito barulho e não se ouvia nada;
   d) Porque estavam cheios de fome e nem paravam para falar.

Questions

1. What is the group of friends doing in Bruges?
2. Why is Miguel sad?
3. Tiago invites them to do something adventurous. What is it?
4. Why did Tiago take them to that specific cafe?

5. What made Miguel feel better?

Multiple Choice

1. At what time of the year is the story happening?
   a) First week of December;
   b) First week of January;
   c) Second week of December;
   d) First week of November.

2. Who in the group of friends doesn't go in the canal?
   a) Tiago;
   b) António;
   c) Diogo;
   d) Miguel.

3. Why was Tiago purple?
   a) Because he painted himself;
   b) He wasn't—Diogo was lying;
   c) Because the water was freezing;
   d) Because he had dark circles under his eyes.

4. What profession does Tiago think he should have followed?
   a) Policeman;
   b) Professor;
   c) Nurse;
   d) Anything related to the arts, where he could express his feelings and emotions.

5. Why didn't the friends talk when the food got to the table?
   a) Because they were upset with each other;
   b) Because they didn't feel like it;
   c) Because it was very noisy and they couldn't hear anything;
   d) Because they were starving and didn't even stop to talk.

Respostas

1. Está a viajar pela Europa num InterRail.

2. Porque tem saudades da família, em particular, da mãe que já morreu.
3. Ele convida-os a saltar e nada no canal.
4. Porque foi lá que conheceu o seu primeiro amor, e tinha esperança de que ela lá estivesse.
5. O abraço da mulher que era da família Portuguesa que estava no café também.

Escolha Múltipla

1. a)
2. b)
3. c)
4. d)
5. d)

Answers

1. They were traveling across Europe in an InterRail.
2. Because he misses his family, especially his mother, who had passed away.
3. He invites them to dive and swim at Bruges' canal.
4. Because it was there that he met his first love, and hoped she might be there that day.
5. The hug from the woman from the Portuguese family that was there as well.

Multiple Choice

1. a)
2. b)
3. c)
4. d)
5. d)

Chapter 10 – O Novo Aluno

Maria, a professora, não estava a conseguir manter a ordem na sala de aula. Os alunos estavam muito **exaltados**, todos a falar por cima uns dos outros. O barulho que as suas vozes faziam ouvia-se a uma distância bastante considerável. Alguns professores passavam pela janela da sala de aula para ver o que se passava. Paravam e **espreitavam**, curiosamente, por uns segundos. A professora Maria acenava de dentro indicando que estava tudo bem, tudo controlado. Ainda assim, via os professores falando entre si do lado de fora, de testa franzida e cara preocupada. Assim se **mantinham** durante alguns segundos, e depois iam-se embora. Maria, a professora, não tinha **dúvidas** que embora eles tivessem partido, continuavam a comentar o sucedido à medida que iam caminhando.

Maria, the teacher, was unable to maintain order in the classroom. The students were very excited, talking over each other. The noise their voices made could be heard at a quite considerable distance. Some teachers were passing by the classroom window to see what was going on. They would stop and have a look, curiously, for a few seconds. Maria, the teacher, would wave from the inside, indicating that everything was well, everything was under control. Still, she would see the teachers talking outside, with a frown and a worried face. They would stay like that for a few seconds, and then they would leave. Maria, the teacher, had no doubt that even though they left, they would still be commenting on what happened as they were walking away.

Maria, a professora, sentia-se mal com os outros professores achavam dela. Maria era a mais velha professora naquela escola e também era a que tinha mais anos de experiência—quarenta e três. No entanto, por não ser nada autoritária, por usar métodos de ensino considerados **ultrapassados** e, principalmente, por não impor a sua vontade quando a **contrariavam**, os **colegas** mais novos não eram muito simpáticos para ela. Frequentemente gozavam com ela por trás das suas costas, e pela sua frente usavam bastante sarcasmo e cinismo, **desvalorizando** constantemente as suas opiniões. Maria, embora nada dissesse, ficava bastante afectada com tudo isto. Deixava-a triste saber que nenhum dos colegas a respeitava e que nunca ouviam, ou valorizavam o que ela dizia. Muitas vezes chegava a casa ao final do dia, onde morava com os seus dois gatos, e prometia a si mesma que no dia seguinte ia ser diferente. Que no dia, seguinte iria **bater o pé,** e fazer a sua voz ser ouvida. Mas de todas as vezes, todos os dias seguintes, nunca conseguiu arranjar a **coragem** para o fazer. Ao final da tarde, ao voltar para casa, depois das tentativas falhadas, sentia-se ainda pior—não só a tratavam mal, como ela permitia, e não tinha coragem para pôr fim a isso.

Maria, the teacher, felt bad about what the other teachers thought of her. Maria was the oldest teacher in that school, and also the one that had more years of experience—forty-three. Nevertheless, because she wasn't authoritarian, because she used teaching methods that were considered outdated and, especially, because she did not impose her will when someone went against it, her colleagues were not very nice to her. They would frequently make fun of her behind her back, and in front of her, they would use a lot of sarcasm and irony, minimizing constantly her opinions. Maria, even though she wouldn't say anything, was really upset about it. Knowing that no colleague respected, listened, or valued what she had to say made her sad. Many times, at the end of the day, she would get home, where she lived with her two cats, and would promise that the next day would be different. That the next day, she would put her foot down, and her voice would be heard. But every time, every next day, she was never able to find the courage to do it. At the end of the afternoon, when returning home, after the unsuccessful tries, she would feel even worse—not only would other people treat her badly, but she would also allow it, and didn't have the guts to stop it.

Além disto, também os alunos não lhe davam descanso. A sua personalidade impedia com que ela fosse **assertiva**. Para mais, as idades dos alunos com que ela lidava, eram propícias a um **comportamento irrequieto**. Além disso, o facto de virem de **bairros** mais **desfavorecidos**, onde viam no seu dia-a-dia coisas que as crianças não deveriam ver, definitivamente não ajudava. A grande maioria era bastante **mal-educada**, não respeitava ninguém, e não estava habituada a qualquer tipo de regras ou disciplina. Para alguém que fosse assertivo, controlar esta turma iria ser **complicado**; para alguém como professora Maria, quase impossível. Agora, tantos anos depois, a professora Maria já tinha deixado de tentar. Estava **deprimida**, frustrada, e sem **forças** para **inverter** o curso das coisas. Já não se importava com as consequências que o seu mau

desempenho poderia ter nem com o que os seus colegas diziam, nem com controlar os alunos tão malcomportados. Resumindo, já não se importava, ou isso dizia a ela própria, que a vida corresse como corria. O que importava, pensava ela, era que passasse rápido.

Besides this, the students wouldn't give her a rest as well. Her personality prevented her from being assertive. Furthermore, the age of the students she was dealing with was already a favorable factor to a restless behavior. Moreover, the fact that most of them came from poor neighborhoods, where they saw on a day-to-day basis things children shouldn't see, definitely didn't help. The great majority was really bad-mannered, didn't respect anyone, and wasn't used to following any type of rules or discipline. To someone that was assertive, controlling this class would be hard; to Maria, the teacher, it would be almost impossible. Now, so many years later, Maria, the teacher, had already stopped trying. She was depressed, frustrated, and without strength to change the course of things. She didn't mind anymore about the consequences her bad performance might bring or about what her colleagues said, or about controlling such ill-mannered kids. In sum, she didn't care, or at least that was what she told herself, that life was passing by as it was. What mattered, she thought, was that it went by fast.

A aula acabou, e os alunos saíram todos muito rapidamente, quase a **tropeçar** uns nos outros para serem os primeiros a chegar ao recreio. A indicação da aula ter acabado não tinha vindo da professora, nem dela tinha vindo a **autorização** para sair. O que tinha dado ordem de saída tinha sido a **campainha**, e ainda que a professora estivesse a falar, os alunos começavam a sair da sala de aula sem nunca olhar para trás, apesar dos inúmeros pedidos da professora para ficarem. No entanto, naquele dia havia algo diferente. Todos os alunos sairam, como normal. Todos, menos um. Maria, a professora, nem tinha reparado naquele aluno até o final da aula. Com todo o **tumulto** e confusão, não se tinha apercebido que existia uma cara nova. O novo aluno estava calmamente arrumar os seus **pertences** na sua mochila. À medida que arrumava duas canetas, uma vermelha e outra preta, e um lápis no estojo, a professora Maria olhava para o caderno aberto que ele tinha em cima da mesa. Espantada, levou a mão à boca, e por pouco não gritou. O que tinha visto deixou-a absolutamente surpreendida. O rapaz tinha feito **apontamentos** da aula. Este, ao arrumar o caderno, olhou, casualmente, para cima. Quando viu o choque da cara da professora Maria, ficou preocupado e perguntou:

The class was over, and the students left abruptly, almost tripping on each other to be the first to reach the playground. The indication that the class was over had not come from the teacher, nor from her originated the permission to leave the classroom. What gave them the order to leave was the bell, and even though the teacher was talking at that time, the students were abandoning the classroom without ever looking back, albeit the countless requests by the teacher asking them to stay. Nevertheless, that day, something was different. Every student had left, as normal. All but one. Maria, the teacher, hadn't even noticed that student until the end of the class. With all the commotion and chaos, she hadn't realized that there was a new face. The new student was calmly gathering his belongings into his backpack. While he was putting away two pens, one red and one black, and a pencil in a case, Maria, the teacher, was looking at the open notebook he had on the table. Astonished, she took her hand to her mouth to cover it, and she almost screamed. What she saw left her completely amazed. The boy had written some notes about the class. While he was packing his things, the student casually looked up. When he saw the face of shock the teacher had on her face, he got worried and asked:

– Sra. Professora, eeeestá tudo be… be… bem?

– Mrs. Teacher everything all… all… all right?

A professora Maria recuperou lentamente, e respondeu:

Maria, the teacher, recovered slowly, and answered:

– Sim, querido, está tudo bem. És novo aqui, não és?

– Siiim, Sra. Professora, cheguei à ci… ci… cidade a semana passaaaaada. – respondeu o aluno.

– Então e gostaste da aula? – perguntou a professora, com interesse na resposta.

– Sim. Não era muito fácil ouvir com o baru… baru… barulho todo, mas go… go… gosto muito da **matéria**. – disse o rapaz.

– Yes, dear, everything is all right. You're new here, aren't you?

– Yeees, Mrs. Teacher, I got here in this to… to… town laaaast week. – answered the student.

– And did you like the class? – asked the teacher, interested in the answer.

– Yes. It wasn't very easy to hear with all of the noi… noi… se, but I… I… I… I like the subject a lot. – said the boy.

A professora Maria não conseguia deixar de sentir uma ponta de vergonha com aquele brutal mas inocente comentário. E se antes estava **conformada** com como as coisas eram, agora sentia uma **sementinha** de força e esperança a **brotar**. O aluno e Maria continuaram numa longa conversa pela tarde fora, até que a professora reparou nas horas—eram então perto das 19h da tarde.

Maria, the teacher, couldn't help but feel a bit ashamed with that brutal but innocent comment. And if before she felt resigned with how things were, now she felt a little seed of strength and hope sprouting. The student and Maria kept talking all afternoon long, until the teacher noticed what time it was—close to 7 p.m.

– Uf! Estamos aqui na conversa desde as 16h da tarde. Talvez seja melhor ires andando para casa. Os teus pais devem estar a ficar preocupados. – disse a professora.

– Não, eles não vão se…se…sentir a miiiiinha falta. – respondeu soturnamente o aluno.

– Uf! We have been here talking since 4 p.m. Maybe it's better that you go home. Your parents might be getting worried. – said the teacher.

– No, they wo… wo… won't miiiiss me. – answered the student sullenly.

O rapaz começou a contar a sua história à professora Maria. Ele tinha sido dado para adopção pelos seus pais, e vivia actualmente numa instituição. Tinha-se mudado para aquela cidade na semana passada porque a anterior instituição estava **sobrelotada**.

The boy then started telling his story to Maria, the teacher. He had been given up for adoption by his parents, and currently lived in an institution. He had moved to that town last week because the previous institution was overcrowded.

Os seus pais eram muito novos e quando o tinham tido, não estavam prontos para cuidar de uma criança. Todo o stress e ansiedade criados pelo mau-ambiente em casa, mais a passagem por várias instituições ao longo dos anos, criaram a **gaguez**, e o rapaz admitiu que se sentia muito **envergonhado** quando tinha que falar em público. O que acontecia era que os colegas gozavam com ele quando falava, e então ele calava-se. A professora Maria não conseguiu evitar que as lágrimas que estava a tentar esconder começassem a cair pelos seus olhos—é que os sentimentos que ele descrevia eram muito familiares. Só que a professora já há muito tempo que havia desistido de lutar por si. Até agora. Ver aquela criança, ainda tão nova, com tanta vida pela frente, e com o futuro cheio de potencial, fazia lembrar-se de si mesma. Prometeu não deixar que a mesma coisa acontecesse com ele. Por ele, e por causa dele, ganhou forças para lutar e prometeu que no dia seguinte, tudo iria ser diferente.

His parents were too young when they had him, and they weren't ready to take care of a child. All of the stress and anxiety created by the poor environment at home, plus living in several institutions over the years, created the stutter, and the boy admitted that he felt really embarrassed when he had to speak in public. What would happen was that his colleagues would make fun of him when he spoke, so he just shut up. Maria, the teacher, couldn't prevent the tears that she was trying to hide from falling from her eyes—the feelings that he was describing were much too familiar. But the teacher had long ago given up fighting for herself. Until now. Seeing that child, so young, with so much life ahead of him, with a future full of potential, reminded her of herself. She promised to not let the same thing happen to him. For him, and because of him, she gained strength to fight and promised that the next day, everything would be different.

E no dia seguinte assim foi. Quando chegou à sala, de aula não vinha cabisbaixa, mas com um sorriso confiante e determinado nos lábios.

Os alunos já estavam na sala de aula, a fazer um barulho tremendo, como sempre. A professora Maria olhou para o novo aluno, que estava já escrever a data da lição no seu caderno e isso foi o empurrão que ela necessitava para fazer o que tinha decidido. Depois de respirar fundo uma vez, disse de forma sonora:

And the following day, that's what happened. When she arrived at the classroom, she wasn't feeling dejected, but with a determined and confident smile on her lips. The students were already in the classroom, making a fuss, as always. Maria, the teacher, looked at the new student, who was already writing the date of the lesson in his notebook, and that gave her the push she needed to do what she had decided. After a deep breath, she said loudly:

– Pouco barulho! Tudo calado, se faz favor!

– Be quiet! Everyone shut up, please!

O grito não tinha sido nada autoritário, e a voz tremeu até, mas os alunos calaram-se imediatamente—por ter sido algo tão inesperado—, e viraram-se para a professora. De seguida, disse então a professora Maria:

Her scream wasn't authoritarian at all, and her voice was even shaking, but the students shut up immediately—since it had been something so unexpected—, and they turned to the teacher. Following that, Maria, the teacher, said:

– Quero que se sentem nos vossos lugares, por favor. Obrigada. As coisas vão ser diferentes a partir de agora. Quem não gostar e não respeitar, tem bom remédio—vai directamente para o **gabinete** do director.

– I want you to sit down in your chairs, please. Thank you. Things will be different from now on. Whoever doesn't like it, has a good alternative—he or she can go straight to the principal's office.

Os alunos trocaram olhares entre eles. Alguns abanaram a cabeça, sem conseguir acreditar no que estava a acontecer, mas com medo de comprovar se o que a professora dizia era verdade ou não. Continuou então a professora Maria:

The students looked at one another. Some shook their heads in disbelief, but afraid to see if what the teacher was saying was true or not. Maria, the teacher, continued:

– Hoje vamos falar de uma matéria muito divertida. Tenha certeza de que vão gostar. Abram os vossos livros na página duzentos e trinta e sete, se faz favor.

– Today we're going to talk about a very fun subject. I'm sure you will like it. Open your books on page two hundred and thirty-seven, please.

E assim fizeram os alunos. O novo aluno não achou nada estranho ou diferente. Achou simplesmente que o dia anterior, o seu primeiro dia de aulas, tinha sido barulhento por mero acaso. Também não sabia que a história da sua vida, o seu interesse nas aulas, e a sua bondade tinham sido a causa deste novo ânimo da professora Maria. E antes de continuar a aula, a professora olhou pra ele e sorriu.

And the students did that. The new student didn't think any of it was strange or different. He simply thought that the previous day, the class was noisy by mere chance. He also didn't know that his life story, his interest in class, and his kindness were what caused Maria the teacher to gain this new spirit. And before she continued the class, the teacher looked at him and smiled.

Sumário

Maria, a professora, não conseguia manter a ordem na sua sala de aula. Já tinha muitos anos de experiência, mas a sua personalidade não a permitia ser assertiva. Por várias vezes tentou mudar, mas nunca conseguiu fazê-lo. Os seus colegas gozavam com ela, e os alunos não a respeitavam minimamente. Depois de um dia igual aos outros, reparou num novo aluno. Um aluno que, diferentemente dos outros, a respeitou. A conversa que teve com esse novo aluno fê-la ganhar força para mudar o rumo das coisas, e no dia seguinte as coisas foram mesmo diferentes.

Summary

Maria, the teacher, couldn't keep the order in her classroom. She had many years of experience, but her personality did not allow her to be assertive. For several times she tried to change, but she could never do it. Her colleagues made fun of her, and the students didn't respect her at all. After a day just like the others, she noticed a new student. A student who, unlike the others, respected her. The conversation she had with this new student made her gain strength to change the course of things, and the next day things were really different.

Vocabulary List

Apontamentos – notes;

Assertiva – assertive;

Autorização – authorization, permission;

Bairros – neighborhoods;

Bater o pé – being intransigent, literally: putting the foot down;

Brotar – sprout, bloom;

Campainha – bell, ring, doorbell;

Colegas – coworkers, colleagues;

Complicado – difficult, hard;

Comportamento – behavior;

Conformada – resigned, conformed;

Contrariavam – from the verb "contrariar" – "to oppose";

Coragem – courage, guts;

Deprimida – depressed, low;

Desempenho – performance;

Desfavorecidos – poor, underprivileged;

Desvalorizando – undermining, minimizing;

Dúvidas – doubt;

Envergonhado – ashamed, embarrassed;

Espreitavam – peeked;

Exaltados – excited, frantic, heated;

Gabinete – office;

Gaguez – stutter;

Inverter – reverse;

Irrequieto – restless;

Mal-educada – bad-mannered, rude;

Mantinham – maintained, kept, from the verb "manter" – "to keep";

Matéria – subject, but it can also mean "matter";

Pertences – belongings;

Sementinha – little seed, from "seed" – "semente";

Sobrelotada – overcrowded;

Tropeçar – trip over something or someone;

Tumulto – turmoil, riot, commotion;

Ultrapassados – outdated, overtaken, obsolete.

Perguntas

1. Porque não eram os colegas da professora Maria muito simpáticos com ela?
2. Como era maioria dos alunos?
3. O que houve de diferente naquele dia?
4. O que deixou a professora Maria um pouco envergonhada?
5. O que levou a professora a mudar a sua atitude?

Escolha Múltipla

1. Quem gozava Maria por detrás das suas costas?
   a) Os alunos;
   b) O novo aluno;
   c) O director da escola;
   d) Os seus colegas.
2. Onde vivia a grande maioria dos seus alunos?
   a) De bairros ricos;
   b) Do estrangeiro;
   c) De bairros desfavorecidos;
   d) Do centro da cidade.

3. O que punha o novo aluno no estojo?
   a) Dois lápis e duas canetas;
   b) Um lápis e duas canetas;
   c) Dois lápis e uma caneta;
   d) Um afia e uma borracha.
4. Onde vivia o novo aluno?
   a) Numa instituição;
   b) Num orfanato;
   c) Na casa dos pais;
   d) Na casa dos avós.
5. Que página mandou a professora abrir?
   a) 237;
   b) 337;
   c) 137;
   d) 37.

Questions

1. Why weren't Maria's colleagues very nice to her?
2. How was the majority of the students?
3. What was different that day?
4. What made Maria, the teacher, a bit embarrassed?
5. What led Maria, the teacher, to change her attitude?

Multiple Choice

1. Who mocked Maria behind her back?
   a) The students;
   b) The new student;
   c) The school's principal;
   d) Her colleagues.

2. Where did the great majority of her students live?
   a) In rich neighborhoods;
   b) Abroad;
   c) In poor neighborhoods;
   d) Downtown.

3. What was the new student putting in his case?
   a) Two pencils and two pens;
   b) One pencil and two pens;
   c) Two pencils and one pen;
   d) A sharpener and an eraser.
4. Where did the new student live?
   a) At an institution;
   b) At an orphanage;
   c) At his parents' house;
   d) At his grandparents' house.
5. What page of the book did the teacher say to open?
   a) 237;
   b) 337;
   c) 137;
   d) 37.

Respostas

1. Porque ela não era assertiva, os seus métodos de ensino eram considerados ultrapassados, e por causa da sua incapacidade para se impor.
2. A maioria dos alunos era irrequieta, mal-educada, e não respeitava nenhumas regras.
3. Um aluno ficou para trás, a arrumar calmamente os seus pertences. Tinha tirado apontamentos da aula.
4. O comentário inocente do rapaz sobre o quão barulhenta a aula tinha sido.
5. A história de vida do rapaz e o seu potencial para ter sucesso no future—ela não queria que ele se tornasse nela.

Escolha Múltipla

1. d)
2. c)
3. b)
4. a)
5. a)

Answers

1. Because she wasn't assertive, her teaching methods were considered old, and due to her inability to impose her will.
2. The majority of the students was restless, very bad-mannered, and didn't respect rules.
3. A student stayed behind, packing his belongings calmly. He had taken notes of the class.
4. The boy's innocent comment about how noisy the class was.
5. The boy's life story and his potential to be successful in the future—she didn't want him to become her.

Multiple Choice

1. d)
2. c)
3. b)
4. a)
5. a)

Chapter 11 – A Mentira Tem Perna Curta…

– Não há telemóveis à mesa! – disse a mãe de Tomás e Domingos. – Luís, ajuda-me! – acrescentou, virando-se para o **marido**.

– Vá, vá! – disse o pai, tomando o lado da mãe.

– No cellphones at the table! – said Tomás and Domingos' mother. – Luís, help me! – she added, turning to her husband.

– Come on, come on! – said the dad, taking the mom's side.

Tinha acabado de levantar os olhos do **jornal** que estava a ler, e se lhe perguntassem por que lhe estava a pedir ajuda a mulher, não saberia dizer; apenas repetia o que a mulher dizia.

He had just taken his eyes off of the newspaper that he was reading, and if somebody asked what his wife was asking, he wouldn't be able to tell; he just repeated what his wife said.

– Mas o Pai está a ler à mesa; é a mesma coisa! – protestou Tomás.

– Não podes ler isso mais tarde, Luís? – pediu a mãe.

– Ha? Ah! Sim, ok, desculpa. Isso! Façam o que vossa mãe vos pede. Já é a segunda vez que vos disse para lavar as mãos antes de comer, vá, vá! – disse o Pai.

– But Dad is reading at the table; it's the same thing! – protested Tomás.

– Can't you read that later, Luís? – asked the mom.

– Ha? Ah! Yes, okay, sorry. That's it! Do what your mother tells you to do. It is the second time I've told you to wash your hands before dinner, come on, come on! – said Dad.

Assim que ouviram isto, os três **puseram-se** a rir sem parar. O pai estava sempre muito distraído, e então quando estava **concentrado** a fazer outra coisa, como a ler o jornal, não conseguia mesmo tomar atenção a outra coisa. Assim que acabaram de comer, os irmãos, Tomás e Domingos, tiraram o telemóvel dos seus **bolsos**, sentaram-se no sofa, e começaram a **navegar** na internet. Estavam a passear pelo Instagram, Facebook, Twitter, como faziam não só todas as noites como grande parte do dia, todos os dias. A mãe já quase não conseguia ter uma conversa com os filhos, mas além disso ficava preocupada, pois não sabia no que eles andavam **metidos**. Ouvia as notícias dos perigos que a internet esconde, e queria estar a par de tudo para os poder proteger.

As soon as they heard this, the three started laughing without stopping. Dad was always very distracted, and when he was focused on doing something else, like reading the newspaper, he couldn't pay attention to anything else. When they finished eating, the brothers, Tomás and Domingos, took their phones out of their pockets, sat on the couch, and started surfing the internet. They were going through Instagram, Facebook, Twitter, something they did not only every night but most of the day, every day. Their mom almost couldn't have a conversation with them, but besides that, she was worried because she didn't know what they were up to. She kept hearing about the dangers that the internet hides, and she wanted to know everything so that she would be able to protect them.

– Domingos, o que é o Facebook? – perguntou a mãe, curiosa.

– É como se fosse um livro sobre ti, uma espécie de **diário** onde partilhas o quiseres, com quem quiseres. – respondeu o filho.

– Ai é? Mostras-me? – perguntou de seguida.

– Domingos, what is Facebook? – the mom asked, curious.

– It is like a book about you, a kind of diary where you share what you want, with whom you want. – the son answered.

– Is that right? Can you show me? – she then asked.

O filho **acedeu**, não sem antes fazer uma expressão de impaciência. Decidiu então mostrar à mãe o **mural** do seu Facebook, e algumas das **funcionalidades** que a aplicação tinha. A mãe ficou muito espantada. A ideia que tinha era outra. Era bom saber que se podia partilhar apenas com quem se queria e não com toda a gente. Então decidiu:

The son accepted, but not without making an expression of impatience. He decided to show his mother his Facebook wall, and some of the functionalities the app had. The mom was amazed. The idea she had about it was very different. It was good to know that he could share things only with who he wanted and not everybody. She then decided:

– Vou criar uma conta. Ajudas-me? – perguntou ao filho.

– O quê, Mãe? – gritou Tomás, levantando-se imediatamente do sofá.

– Qual é o problema? – respondeu a mãe.

– Nada, nada… – disse Tomás, **resignado**.

– I'm going to create an account. Will you help me? – she asked her son.

– What, Mom? – shouted Tomás, immediately getting up from the couch.

– What's the problem? – answered his mom.

– Nothing, nothing… – said Tomás, resigned.

Na verdade, tinha vergonha que a mãe visse as coisas que ele tinha no seu Facebook—não queria essa **intromissão** na sua vida. Não que tivesse alguma coisa de mal, mas afinal, era parte da sua privacidade em relação à Mãe. De seguida, a sua mãe, mostrando que tinha aprendido bem da explicação que o filho Domingos tinha feito, disse:

In truth, he was embarrassed that his mom would see the things he had on his Facebook—hc didn't want that intrusion in his life. Not that there was anything wrong on his wall, but after all, it was a part of his privacy regarding his mom. After that, his mom, showing that she had learned well from the explanation Domingos gave her, said:

– Mas afinal não se mostra só a nossa página a quem se quiser?

– Sim, mas… – respondeu Tomás.

– Então, se não quiseres eu não preciso de ver o que tens na tua. Mas parece que tens alguma coisa a esconder! – disse ainda mãe.

– Não, Mãe, já está… – E continuou a **mexer** no telemóvel.

– But isn't it true that you only show the wall to who you want?

– Yes, but… – answered Tomás.

– So, if you want, I don't have to see what's on your wall. It just seems that you have something to hide! – said the mom.

– No, Mom, it's done… – And he kept playing with his phone.

Domingos ajudou então a mãe a criar uma conta. Depois mostrou-lhe com mandar pedidos de amizade. Naturalmente, enviou um pedido de amizade aos seus filhos, Tomás e Domingos. Luís não tinha uma conta. Meia hora depois, estava ela **entretida** no seu telemóvel, tal como os filhos, o pai que estava a ver televisão, **aproveitou** a **pausa** para anúncios e disse:

Domingos helped his mom create an account. After, he showed her how to send friend requests. Naturally, she sent a friend request to her sons, Tomás and Domingos. Luís did not have an account. Half an hour later, while she was playing with her phone, like her children, the dad who was watching television, used the break for commercials to say:

– Ena pá! Agora são tês viciados cá em casa! – E soltou uma gargalhada.

– Nem sequer compares as duas coisas, Luís! – respondeu a mãe.

– Ah pois é, Mãe. Agora já não nos podes dizer nada. Falta pouco para passares mais tempo ao telemóvel que nós, vais ver! – disse o Tomás, bem-disposto.

– Tomás olha lá, porque é que não aceitas o meu pedido de amizade? O Domingos já aceitou e alguns tios e primos teus também. O que tens tu a esconder afinal? No que é que andas metido? – perguntou a mãe, **curiosa,** mas também preocupada.

– Já vai, já vai. – respondeu Tomás, **frustrado**.

– Dang! Now we have three addicts in our house! – And laughed out loud.

– Don't even compare both things, Luís! – answered the mom.

– That's right, Mom. Now you can't say anything to us. In no time you'll be on your cell phone more than we are, you'll see! – said Tomás, in a good mood.

– Tomás, look, why don't you accept my friend request? Domingos accepted it already, and some of your uncles and cousins as well. What do you have to hide after all? What are you up to? – asked the mom, curious but also worried.

– I'm doing, I'm doing it. – answered Tomás, frustrated.

Não tinha nada a esconder, mas também não queria ter que pensar duas vezes antes de **postar** alguma coisa, sabendo que a mãe iria ver. No entanto, sentia não ter outra alternativa que não aceitar o pedido de amizade da mãe, portanto assim fez. A mãe começou logo a passear pelo mural do filho, vendo as fotos que este havia publicado, os comentários feitos, as músicas partilhadas, etc. No final, ficou aliviada. Como o filho tinha dito, não tinha nada a esconder.

He didn't have anything to hide, but he also didn't want to think twice before posting something, knowing his mom would see it. Nevertheless, he felt he didn't have any other choice than to accept the mother's friend request, so he did. His mom immediately started browsing through her son's Facebook wall, checking out the pictures he had published, the comments made, the shared music, etc. At the end of that, she was relieved. Like her son said, he had nothing to hide.

No dia seguinte de manhã ao pequeno-almoço, Tomás e Domingos já tinham saído de casa. "Já foram para a escola," pensou. Viu Luís, o marido, como sempre, a ler o jornal de manhã. Perguntou se tinha levado os miúdos, e porquê tão cedo.

The following day at breakfast, Tomás and Domingos were already gone from home. "They must be in school already," she thought. She saw Luís, her husband, as always, reading the morning newspaper. She asked if he had taken the kids, and why so early.

– Sim, sim. – respondeu Luís, **distraidamente**.

– Yes, yes. – answered Luís, impatiently.

"Alguma **reunião** de um **grupo de trabalho**", pensou a mãe. Na verdade, ela não sabia sequer porque tinha perguntado. O marido era sempre tão distraído que podia passar um dia inteiro sem ter **consciência** do que estava a fazer. A mãe começou então a preparar-se para o seu dia. Foi só bem depois das 18h, hora em que os seus filhos chegavam normalmente a casa, que a mãe começou a preocupar-se. Os filhos ainda não tinham chegado, e sempre que se **atrasavam** avisavam. Experimentou ligar aos dois. Nenhum atendeu. Deixou mensagens, esperando que nada tivesse acontecido. Perguntou ao marido se lhe tinham dito algo quando os tinha ido levar.

"Some group meeting," thought the mother. In truth, she didn't know why she had asked. The husband was always so distracted that a day could go by without having any awareness of what he was doing. The mom then started getting ready to face her day. It was only way after 6 p.m., time that her sons usually got home, that the mother started to get worried. The kids had not yet arrived, and they would always say something every time they were late. She tried calling both. Neither picked up. She left messages, hoping nothing bad had happened. Then, she asked her husband if they had told him something when he dropped them off.

– Não, não. Sabes como são os miúdos. – **balbuciou** Luís, desinteressadamente.

– No, no. You know how the kids are. – said Luís, uninterestedly.

Foi então que o seu telemóvel tocou. Era Domingos.

It was then that her phone rang. It was Domingos.

– Olá! – A sua voz parecia **tranquila**.

– Onde estão vocês? Está tudo bem? – perguntou, preocupada.

– Sim, Mãe, viemos para a casa do Fábio fazer um trabalho de grupo. Vamos demorar mais um pouco. Talvez tenhamos que ficar cá em casa a dormir. Tu sabes, para aproveitar o tempo ao máximo para trabalhar. – respondeu Domingos.

– Ah! Deixaram-me tão preocupada! Mas então vão ficar a trabalhar durante fim-de-semana, é? Querem que vos vá buscar amanhã? – perguntou a Mãe, aliviada.

– Não, Mãe! – respondeu Domingos, muita **apressadamente**. – Quando acabarmos o pai do Fábio leva-nos a casa. Não te preocupes. – E desligou.

– Hi! – His voice sounded calm.

– Where are you? Is everything all right? – she asked, worried.

– Yes, Mom, we came over to Fábio's to work on an assignment for school. We are going to take a while longer. Maybe we'll have to stay here for the night. You know, make the most out of it. – answered Domingos.

– Ah! You guys left me so worried! But are you going to stay there during the weekend? You want me to pick you up tomorrow? – asked Mom, relieved.

– No, Mom! – answered Domingos, very quickly. – When we're done, Fábio's dad will take us home. Don't worry. – And he hung up.

Mais calma, a mãe ficou, no entanto, com **a pulga atrás da orelha**. Para se distrair, pegou no telemóvel. Depois de uns minutos pelo Facebook, viu uma foto nova no perfil Tomás. Estava com um **sorriso de orelha a orelha**. No entanto, algo parecia estranho. Algo estava mal na fotografia. Foi então que reparou na Torre dos Clérigos atrás de Tomás! Estava a olhar para a fotografia e Tomás estava **vestido** com uma T-shirt que tinha recebido no seu aniversário, um mês antes. E desde então ainda não tinham ido ao Porto. A mãe não estava a acreditar no que estava a ver. Foi imediatamente contar o que tinha descoberto ao marido. Luís pareceu surpreendido, como sempre.

Calmer, however, the mother sensed that something wasn't quite right. To distract herself, she picked up her phone. A few minutes after surfing Facebook, she saw a new picture in Tomás' profile. He had a smile from ear to ear. Something seemed off, however. Something about the picture was wrong. It was then that she noticed the Clérigos' Tower behind Tomás! She was looking at the picture and also saw that Tomás was wearing a T-shirt he had received for his birthday, a month before. And since then, they hadn't been to Oporto. The mother couldn't believe what she was seeing. She immediately went to her husband to tell him about what she had found out. Luís seemed surprised, as always.

– Os miúdos estão no Porto?

– O Tomás pelo menos está. Mas muito provavelmente o Domingos também! – disse-lhe a mulher.

– Olha que estranho! – respondeu Luís.

– De certeza que eles não te disseram nada quando os foste levar à escola? Pensa lá bem! – insistiu a mulher.

– À escola? Não, eu deixei-os no aeroporto! – respondeu o marido.

– No aeroporto? Estás louco? E não estranhaste os miúdos irem para o aeroporto num dia as aulas?! – disse, muito **irada**.

– The kids are in Oporto?

– Tomás, at least, is. But it is very likely that Domingos is as well! – said the wife.

– That's weird! – answered Luís.

– Are you sure that they didn't tell you anything when you dropped them off at school? Think about it! – the wife insisted.

– At school? No, I dropped them off at the airport! – answered the husband.

– At the airport? Are you crazy? And you didn't think it was strange that they would go to the airport on a school day?! – she said, very angrily.

Ligou para os filhos e disse que já sabia de tudo. Domingos pediu desculpas e prometeu voltar ainda essa noite. O pai riu-se assim que percebeu tudo que tinha acontecido, o que por sua vez deixou a mulher mais relaxada. Foi então que Luís disse:

She then called her sons and told them she knew about everything. Domingos apologized and promised to return that very same night. Dad laughed as soon as he realized what had happened, which in turn left the wife a bit more relaxed. It was then that Luís said:

– Oh, deixa lá. Eles estão bem. Foram só divertir-se. Não te lembras de quando nós fomos passar um fim-de-semana ao **Alentejo**? Tínhamos a idade deles e também ninguém sabia! Além disso, pode servir de uma boa lição: mais rápido se apanha um mentiroso que um coxo!

– Oh, just leave it. They're okay. They just went to have fun. Don't you remember when we went to spend the weekend in Alentejo? We were their age, and nobody knew as well! Besides, it can become a good lesson for them: a person that lies is caught faster than a person who limps![4]

A mãe, preocupada com os filhos e **chateada** por eles lhe terem mentido, sorriu poque sabia que o marido tinha razão.

The mom, worried about the kids and upset because they lied to her, smiled because she knew her husband was right.

Sumário

Tomás e Domingos são os típicos jovens—sempre com o telemóvel na mão a navegar na internet, principalmente nas redes sociais. O pai é muito distraído e nunca liga a nada, enquanto a mãe insiste para que eles, pelo menos, à mesa deixem os telemóveis no bolso. Além disso, fica preocupada com os perigos que a internet esconde. No entanto, fica intrigada acerca do que são as redes sociais e percebe

---

[4] This sentence is a literal translation of the famous proverb that is written in the Portuguese version.

que não é assim tão mau. Na verdade, acaba por ser o Facebook que a ajuda a desvendar um grande mistério…

Summary

Tomás and Domingos are typical young boys—always with their mobile phones in their hands, surfing the internet, especially surfing their social networks. Their father is always absent-minded and never pays attention to anything, while the mother insists that they, at least, leave the phones in their pockets when they are at the dinner table. Moreover, she is concerned with the dangers that the internet hides. However, she is puzzled about what social networks are and realizes that it is not so bad after all. In fact, Facebook turns out to be what helps her uncover a great mystery...

Vocabulary List

A pulga atrás da orelha – literally: "a flea behind the ear". It means being suspicious of something;

Alentejo – a Portuguese region between Lisbon and Algarve;

Apressadamente – quickly, hurriedly;

Aproveitou – took advantage of, enjoyed, seized;

Balbuciou – babbled, stammered:

Bolsos – pockets;

Concentrado – focused, centered, concentrated:

Curiosa – curious, interested, intriguing;

Diário – diary, but also "daily";

Entretida – entertained, amused;

Frustrado – frustrated, thwarted;

Funcionalidades – functionalities, functions, features;

Intromissão – intrusion, interference, meddling;

Irada – angry, irate, enraged;

Jornal – newspaper;

Marido – husband;

Metidos – literally: when something is kept inside something else, but in this context, it refers to someone who is up to something;

Mexer – to touch something with your hands, to move, to stir;

Mural – in this context, the Facebook wall, but also means "mural"

Navegar – used like "surfing" in the internet context, but literally it means "to navigate";

Pausa – in this context, the break for commercials, but it literally means "pause";

Postar – word adapted from the English verb "to post", used in the social network context. The correct Portuguese word to use would be "publicar" – "to publish";

Sorriso de orelha a orelha – literally: smile from ear to ear;

Tranquila – relaxed, laidback;

Vestido – as a noun it means "dress", as an adjective "dressed", from the verb "to dress" – "vestir".

Perguntas

1. Porque queria a mãe criar uma conta de Facebook?
2. Tomás não queria que a mãe tivesse uma conta. Porquê?
3. O que pensou a mãe quando não viu os filhos ao pequeno-almoço?
4. Onde estavam os filhos, afinal?
5. Como descobriu a mãe onde eles estavam?

Escolha Múltipla

1. Luís estava a ler o quê à mesa?
   a) Uma revista;
   b) O jornal;
   c) Um livro;
   d) Um folheto.
2. O marido era muito…?
   a) Atento;
   b) Rabugento;
   c) Distraído;
   d) Emotivo.
3. A que horas começou a preocupar-se a mãe por os filhos não estarem em casa?
   a) Às 18h;
   a) Bem depois das 18h;

b) Antes das 18h;

c) Pouco depois das 18h.

4. Que peça de roupa ajudou a mãe a descobrir que a foto de Tomás não era antiga?

    a) Um casaco;

    b) Os sapatos;

    c) Uma T-shirt;

    d) As calças.

5. O que tinham ido visitar os pais quando tinham a idade dos filhos?

    a) Porto;

    b) Alentejo;

    c) Aeroporto;

    d) Torre dos Clérigos.

Questions

1. Why did the mother want to create a Facebook account?
2. Tomás didn't want his mother to have an account. Why?
3. What did the mother think when she didn't see her sons at breakfast?
4. Where were they after all?
5. How did the mother find out where they were?

Multiple Choice

1. What was Luís reading at the table?

    a) A magazine;

    b) The newspaper;

    c) A book;

    d) A leaflet

2. Luís was very…?

    a) Focused;

    b) Cranky;

    c) Absent-minded;

    d) Emotional.

3. At what time did the mother start worrying that their kids weren't home?
   a) At 6 p.m.;
   b) Well after 6 p.m.;
   c) Before 6 p.m.;
   d) A bit after 6 p.m.
4. What piece of clothing helped the mother figure out Tomás' picture wasn't an old one?
   a) A coat;
   b) The shoes;
   c) A T-shirt;
   d) The pants.
5. What did the parents visit when they were their sons age?
   a) Oporto;
   b) Alentejo;
   a) Airport;
   b) Clérigos' Tower.

Respostas

1. Porque queria ver o que os filhos andavam a fazer.
2. Porque não queria a mãe a intrometer-se na vida dele.
3. Que já tinham ido para a escola.
4. No Porto.
5. Por uma fotografia que viu de Tomás no Facebook.

Escolha Múltipla

1. b)
2. c)
3. b)
4. c)
5. b)

Answers

1. Because she wanted to see what her kids were up to.

2. Because he didn't want his mother meddling in his life.
3. That they had gone to school already.
4. Oporto.
5. Through a picture Tomás posted on Facebook.

Multiple Choice

1. b)
2. c)
3. b)
4. c)
5. b)

False cognates

Now that you have reached the end of the book, here are some common mistakes that usually arise when encountering words that are known as "false friends". These have been compiled so that you can access this list at any given moment to easily recognize them and avoid mistakes in the future.

However, there are also very simple translations. There are a few strategies[5] you can follow many times to get the word you are looking for in Portuguese easily. For instance, the English suffix "*ty*" is equivalent to the Portuguese suffix "*dade*". So, you just need to switch one for the other, while the rest of the word stays the same:

* ❖ Calami-*ty* = Calami + *dade* ➡ Calami*dade*
* ❖ Sani*ty* ➡ Sani*dade*
* ❖ Vani*ty* ➡ Vani*dade*
* ❖ Prosperi*ty* ➡ Prosperi*dade*

The English suffix "*tion*" is equivalent to the Portuguese suffix "*ção*". The method is the same:

* ❖ Formaliza*tion* = Formaliza + *ção* ➡ Formaliza*ção*

---

5 Bear in mind that there are several exceptions to these rules and that you should always check the correct meaning of the word in the dictionary, as well as the context it is used in, before trying to use it yourself.

- ❖ Lotion ➡ Loção
- ❖ Constipation ➡ Constipação
- ❖ Emigration ➡ Emigração

For the adverbs of manner, which usually end in "*ly*", you just have to switch it for "*mente*":

- ❖ Oficial-*ly* = Oficial + *mente* ➡ Oficial*mente*
- ❖ *Orally* ➡ Oral*mente*
- ❖ Forma*lly* ➡ Formal*mente*
- ❖ Similar*ly* ➡ Similar*mente*

Most words that end with "*ence*" in English, end with "*ência*" in Portuguese:

- ❖ Eloqu-*ence* = Eloqu + ência ➡ Ess*ência*
- ❖ Rever*ence* ➡ Rever*ência*

The same for words that end with "*ance*" in English—you just switch to "*ância*" in Portuguese:

- ❖ Eleg*ance* ➡ Eleg*ância*
- ❖ Ignor*ance* ➡ Ignor*ância*

Also, most of the words that end in "*ing*", *i.e.,* verbs in the gerund or present participle form, end with "*ndo*", even if the first part of the word is spelled differently. You do have to cut the last consonant, however. For instance:

- ❖ Eat – eat + ing ➡ Comer – comer + ndo = come*ndo*
- ❖ Talk – talking ➡ Falar – falar*ndo*
- ❖ Smile – smiling ➡ Sorrir – sorrir*ndo*

As for the misleading words, have a look at this small list of "false friends":

- ❖ Actualmente ➡ Currently ⚡ Actually ➡ Na verdade, na realidade
- ❖ Advertir ➡ to warn or advise ⚡Advertise ➡ Publicitar
- ❖ Apontamento ➡ Note ⚡Appointment ➡ Marcação
- ❖ Data ➡ Date ⚡Data ➡ Dados
- ❖ Diversão ➡ Fun ⚡Diversion ➡ Distracção, desvio

- ❖ Educado ➡ Polite ⇆Educated ➡ Instruído, culto
- ❖ Esperto ➡ Smart ⇆Expert ➡ Perito, especialista
- ❖ Esquisito ➡ Strange ⇆Exquisite ➡ Belo, refinado
- ❖ Eventualmente ➡Possibly, maybe⇆ Eventually ➡ Finalmente, por fim
- ❖ Excitante ➡ Arousing ⇆Exciting ➡ Empolgante
- ❖ Êxito ➡ Success ⇆Exit ➡Saída
- ❖ Gripe ➡ Flu ⇆Grip ➡ Agarrar
- ❖ Lanche ➡Midday snack ⇆Lunch ➡Almoço
- ❖ Largo ➡ Broad, wide, or patio ⇆Large ➡ Grande
- ❖ Legenda ➡ Subtitles ⇆Legend ➡ Lenda
- ❖ Maior ➡ Bigger ⇆Mayor ➡ Prefeito
- ❖ Parentes ➡ Relatives ⇆Parents ➡ Pais
- ❖ Polícia ➡ Police ⇆Policy ➡ Políticas
- ❖ Preservativo ➡ Condom ⇆Preservative ➡ Conservante
- ❖ Puxar ➡ Pull ⇆Push ➡ Empurrar
- ❖ Realizar ➡ Accomplish ⇆Realize ➡ Perceber, dar-se conta
- ❖ Recordar ➡ To remember⇆ Record ➡ Gravação
- ❖ Resumir ➡ Summarize ⇆Resume ➡ Recomeçar, retomar
- ❖ Taxa ➡ Fee ⇆Tax ➡ Imposto
- ❖ Terrível ➡ Terrible ⇆Terrific ➡ Excelente

Conclusion

A viagem chegou ao fim! Esperamos que tenha sido divertida![6]

Ideally, you should understand what was written! If not, don't give up—learning a language is hard, and Portuguese doesn't make it any easier. Once again, and as stated in the introduction chapter, the ultimate goal of the book was to instill in you an intuitive feel for the understanding of the language, so that you can "wield" it just enough to speak it when meeting Portuguese people, visiting a Portuguese-speaking country, or just trying it out with your friends for fun.

The method adopted—storytelling—was chosen to do just that. Stories are motivating and fun, engaging and interesting, and should help develop positive attitudes towards a foreign language. A story exercises the imagination, all while creating memory clues which the reader will, hopefully, connect. It's expected that, for example, the name of a random object comes to mind only by remembering a story that you read in this book. To continue with the example, the sight of that same thing—say a sandcastle—, will trigger the memory clue that will take you to Chapter 2. The images and illustrations can also have a role in achieving that purpose. Plus, there is the *personal involvement* effect. The relationship that is

---

6 In case you need a bit of help: "The journey has come to an end! We hope it has been fun!"

created with the characters and narrative helps at the moment your brain is creating a bridge between the story and the subjects it is teaching.

Moreover, if you want to teach all that you know to children or other curious and knowledge-thirsty adults yourself, this book can definitely help. It has been widely reported that the semi-communicative method (storytelling) has effective results, especially with children. So, it might be a great idea, with tremendous benefits for the teacher (you), to use the method of telling a story—literally. This way, the learner can learn while you're practicing your accent and pronunciation. Additionally, you will get the chance to be tested on the knowledge you think you already mastered, which is an infallible way to strengthen your knowledge on any given topic. The only thing you need to do to be the best Portuguese teacher you can is to adapt the content of the stories to the adequate level of difficulty. So, for instance, you might want to:

❖ Decide whether to keep or leave certain words, like unfamiliar or complicated words, idiomatic expressions, etc.;
❖ Simplify the grammar of a story, adapting verb tenses, or the structure of a phrase;
❖ Check the sentences' lengths and complexity, the way ideas are linked or explained, and so on.

Storytelling can, and we hope it did, create a desire to continue learning. So last, but not least—KEEP PRACTICING!

Check out another book by Simple Language Learning

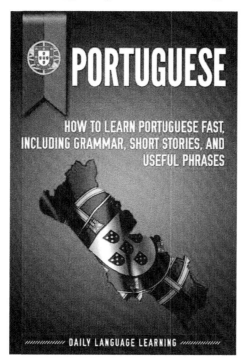

Printed in Great Britain
by Amazon

43170666R10098